Gerhard Sturm
Leben im Wald

Geliebte Natur
Band 2

Gerhard Sturm, 1921 in Basel geboren, hat den Beruf des Kaufmanns erlernt. Nach kurzer Tätigkeit auf einer Bank ist er in die Verwaltung der Universität Basel eingetreten und hat dort während nahezu vierzig Jahren das Amt des Quästors versehen.
Im Kontakt mit Studenten und Dozenten und in der Teilnahme an botanischen und zoologischen Exkursionen hat er sein naturkundliches Wissen erworben. Goethe, Rudolf Steiner und deren Nachfolger haben ihm den Weg zu einer vertieften Naturbetrachtung gewiesen. Im Bestreben, seine Entdeckerfreuden mit anderen zu teilen, andere für die Schönheiten der Natur zu begeistern und zu eigener Beobachtung anzuregen, hat er zahlreiche Aufsätze publiziert und viele Dia-Vorträge gehalten.
Gleichzeitig mit diesem Buch erschien «Leben im Wald». Weiterhin sind in Vorbereitung: «Leben auf Wiese und Feld»; «Leben im Gebirge».

Gerhard Sturm

Leben im Wald

Verlag Freies Geistesleben

CIP-Titelaufnahme der Deutschen Bibliothek

Sturm, Gerhard:
Leben im Wald / Gerhard Sturm. – Stuttgart: Verl. Freies Geistesleben, 1989
(Geliebte Natur; Bd. 2)

ISBN 3-7725-0932-0

NE: GT

Umschlagfoto: Gerhard Sturm; junge Waldkäuze

Satz und Druck: Greiser, Rastatt

Inhalt

Vorwort

Wer das Wort «Wald» hört, denkt wohl in erster Linie an die Bäume, zu Recht, denn die Bäume prägen das Gesicht des Waldes. Doch der Wald besteht nicht aus den Bäumen allein. Vielmehr ist er eine Lebensgemeinschaft von unzähligen Pflanzen und Tieren. Die Skalen reichen vom Bakterium bis zum Baum, von der Amöbe bis zum Säugetier. Sie alle wirken aufeinander ein, sind miteinander verstrickt und bilden zusammen ein Ganzes, ein Ganzes auf Gedeih und Verderb.

Da ich in den hier folgenden Lebensbildern ein paar Ausschnitte aus dem Zusammenhang herausgreifen werde, um sie näher zu betrachten, scheint es mir angezeigt, einleitend einen kurzen Blick auf den Wald als Ganzes zu werfen. Wie also funktioniert die Lebensgemeinschaft Wald? Stark vereinfachend können wir sagen: Die grüne Pflanze produziert mit Hilfe des Sonnenlichtes aus toten Stoffen lebendige Substanz. Die pflanzenfressenden Tiere verzehren diese Substanz, assimilieren sie und geben sie in verwandelter Form an die fleischfressenden Tiere weiter. Mit dem «letzten» Carnivoren scheint die Kette des Nährens und Zehrens abzureißen. In Wirklichkeit werden jedoch die sterblichen Überreste des «Endverbrauchers» von Bakterien in ihre Grundbestandteile abgebaut. Die Nährstoffe werden freigesetzt und einem neuen Stoffkreislauf zugeführt. Produzenten, Konsumenten und Reduzenten schließen sich also zu einem Funktionskreis zusammen. Bildhaft ausgedrückt: Die Lebensgemeinschaft Wald gleicht einem Rad, das von der Sonne angetrieben und im Lauf gehalten wird.

Die *grüne Pflanze* produziert mit Hilfe des Sonnenlichtes aus toten Stoffen lebende Substanz.

Die *pflanzenfressenden Tiere* verzehren diese Substanz, assimilieren sie und «geben» sie in verwandelter Form an die fleischfressenden Tiere weiter.

Die *fleischfressenden* Tiere sind nicht «Endstation». Vielmehr werden ihre Leichen von Bakterien und Pilzen in die Grundbestandteile abgebaut.

Die von den *Bakterien* und *Pilzen* freigesetzten Grundbestandteile bilden die Basis für einen neuen Stoffkreislauf.

Das Lebensrad des Waldes rollt nun aber nicht nur über, sondern auch im Erdboden. Ich denke hier vor allem an die innige Verflechtung von Baum und Pilz. Es gibt im Walde kaum einen Baum, der nicht mit Pilzen vergesellschaftet wäre. Das Bündnis von Baum und Pilz beruht auf Gegenseitigkeit: Der Pilz leitet seinem Verbündeten das Wasser und die im Wasser gelösten Nährstoffe zu. Als «Gegenleistung» bezieht er von seinem Partner Kohlehydrate, die er als blattgrünlose Pflanze nicht selbst bereiten kann.

Unser Wissen um die Lebensgemeinschaft Wald soll – um mit Goethe zu sprechen – vor allem bewirken, daß es «das Staunen, wozu wir von Natur berufen sind, einigermaßen erleichtere». Das Staunen ist der Boden, auf dem die Liebe zur Natur gedeihen kann. Sie wiederum soll uns dazu anspornen, das Liebgewonnene zu hegen und pflegen.

Tagtäglich und aus allen Medien tönt uns entgegen: «Der Wald stirbt!» Die Fakten sind uns bekannt. Doch sollen und können wir gegen das Waldsterben etwas tun? Die «öffentliche» Meinung hierüber erstreckt sich von «Mein Auto fährt auch ohne Wald» bis zu «Tragt Sorge zum Wald». Zunächst müssen wir uns also zwischen Hochmut und Demut entscheiden und dann für das Handeln ein Ziel setzen, denn:

Wer vom Ziel nicht weiß,
kann den Weg nicht haben,
wird im selben Kreis
all sein Leben traben;
kommt am Ende hin,
wo er hergerückt,
hat der Menge Sinn
nur noch mehr zerstückt.

Wer vom Ziel nichts kennt,
kann's doch heut erfahren;
wenn es ihn nur brennt
nach dem Göttlich-Wahren;
wenn in Eitelkeit
er nicht ganz versunken
und vom Wein der Zeit
nicht bis oben trunken.

Denn zu fragen ist
nach den stillen Dingen,
und zu wagen ist,
will man Licht erringen:
Wer nicht suchen kann,
wie nur je ein Freier,
bleibt im Trugesbann
siebenfacher Schleier.

(Christian Morgenstern)

Rund um den Pilz

Was der Volksmund als «Pilz» bezeichnet, ist – genaugenommen – ein Fruchtkörper. Die eigentliche Pflanze durchzieht als fadenfeines, bleiches Geflecht (Myzelium) den Erdboden. Wo zwei verschieden geschlechtige Myzelien der gleichen Art sich treffen, da kann es bei günstiger Witterung zur Bildung von Fruchtkörpern kommen. In oder an diesen Fruchtkörpern werden Millionen von winzig kleinen Sporen abgeschnürt, die entweder durch den Wind oder durch Tiere verbreitet werden. Gelangen diese Sporen auf geeigneten Nährboden, so keimen sie zu neuen Myzelien aus. Nach der Sporenaussaat gehen die meisten Fruchtkörper rasch in Fäulnis über.

Warum die Pilze aus dem Boden schießen

Das sprichwörtlich schnelle Wachstum vieler Pilze ist darauf zurückzuführen, daß deren Fruchtkörper in der Erde fix und fertig vorbereitet werden, dort als winzig kleine Gebilde auf den erweckenden Regen «warten» und sich dann nur noch zu strecken brauchen.

Bei einheitlicher Bodenbeschaffenheit wächst das Myzelium von einem Punkt aus sternförmig nach allen Richtungen. An seinen Wachstumsspitzen, die also im Idealfall einen Kreis bilden, sprießen die Fruchtkörper. Von Jahr zu Jahr nehmen diese «Hexenringe» an Umfang zu, bis schließlich die Lebenskraft des Myzeliums erlischt.

Im Bereich der Hexenringe bestimmter Pilzarten wächst buchstäblich kein Kraut mehr. Das kommt daher, daß die betreffenden Pilze Antibiotika ausscheiden. An Versuchen, diese Antibiotika zu extrahieren und in der Heilkunde zu verwerten, hat es nicht gefehlt. Doch sind die vielversprechenden Experimente bisher ohne nennenswerten Erfolg geblieben.

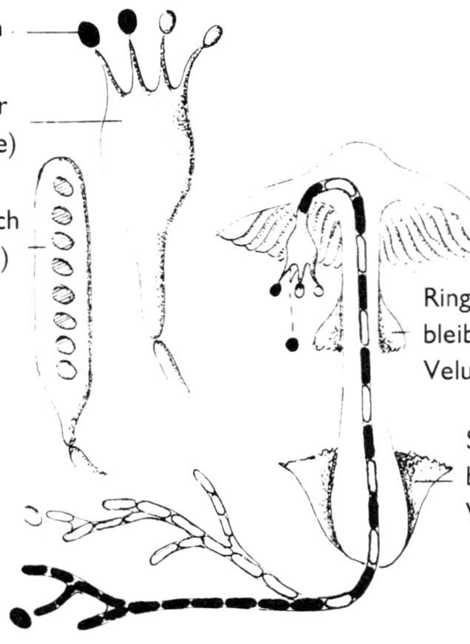

◁ Die Entwicklung des Pilz-Fruchtkörpers am Beispiel eines Wulstlings (Lamellenpilz).
Aufgrund ihrer unterschiedlichen Sporenträger werden die höheren Pilze eingeteilt in Ständerpilze *(Basidiomyzeten)* und Schlauchpilze *(Askomyzeten)*. Die Wulstlinge gehören zu den Ständerpilzen.
Mit dem Auskeimen des *Myzeliums* aus der *Spore* beginnt die Entwicklung eines Pilz-Fruchtkörpers. Wo sich zwei verschiedengeschlechtige Myzelien der gleichen Art vereinen, da kann es bei günstiger Witterung zur Bildung von Fruchtkörpern kommen. An der Außenseite der Fruchtschicht – hier der *Lamellen* – entstehen die Geschlechtszellen, die *Basidien*. In ihnen verschmelzen die Zellkerne. Auf die Zellkernverschmelzung folgt die Zellteilung in vier *Sporen*, je zwei vom gleichen Geschlecht. Die Sporen der Lamellenpilze werden durch den Wind verbreitet.

◁ Fliegenpilz *(Amanita muscaria)*
Größe: Hut: 5–15 cm, Stiel: 10–20 × 1,5–2,5 cm.
Vorkommen: Juli–November, im Laub- und Nadelwald.
Besonderes: Mit in gesüßter Milch gekochten Fliegenpilzen hat man früher die Fliegen angelockt und getötet. – Der Fliegenpilz ist das «Urbild» eines Pilzes. Was der Volksmund als Pilz bezeichnet, ist genau genommen ein Fruchtkörper. Die eigentliche Pflanze durchzieht als fadenfeines, bleiches Geflecht, Myzelium genannt, den Erdboden.

Pilze im Haushalt der Natur

Im Hinblick auf ihre Funktion im Gesamthaushalt der Natur können drei Gruppen von Pilzen unterschieden werden: Saprophyten (Humusbewohner), Parasiten (Schmarotzer) und Symbionten (Zusammenleber).
Zunächst ein Wort zu den Saprophyten: Ihnen fällt, im Verein mit den Bakterien, die Aufgabe zu, Überreste von Organismen in ihre Grundbestandteile abzubauen und diese wieder dem großen Stoffkreislauf zuzuführen.
Als Parasiten werden Pilze bezeichnet, die ihr Dasein auf Kosten anderer Lebewesen fristen. Parasiten sind jederzeit und überall vorhanden. Wenn sie trotzdem nur gelegentlich und an bestimmten Organismen auftreten, so hat das seinen Grund darin, daß sie eines geeigneten Nährbodens bedürfen. Der geeignete Nährboden ist der geschwächte Organismus. So sind denn die Parasiten weit weniger Erzeuger einer Krankheit, als viel mehr deren Indikator.
Bei den Symbionten geht das Myzelium mit höheren Pflanzen eine Lebensgemeinschaft ein, die von den Botanikern Mykorrhiza genannt wird. «Mykorrhiza», auf deutsch Pilzwurzel, trifft genau den Sachverhalt, denn bei dieser Art von Symbiose werden die Wurzeln der höheren Pflanze von einem dichten Pilzgeflecht umsponnen. Jeder der beiden Partner trägt mit seinen besonderen Eigenschaften zum Gelingen des Ganzen bei: Der Pilz leitet seinem Verbündeten das Wasser und die im Wasser gelösten mineralichen Nährstoffe zu. Gleichsam als Gegenleistung bezieht er von der höheren Pflanze Kohlehydrate, Stoffe also, die er als chlorophyllfreie Pflanze nicht selbst bereiten kann. Ein Großteil der höheren Pflanzen hat sich mit Pilzen verbündet. Für viele von ihnen ist die Mykorrhiza geradezu lebensnotwendig. Das zeigt, wie wichtig eine intakte Pilzflora für das Gedeihen der Pflanzengemeinschaft ist. Aus dieser Einsicht heraus versteht man auch jene Stimmen, die einen totalen Schutz der Pilze fordern.

Das Blatt als vermittelnde Mitte

Durch einen Vergleich mit der höheren Pflanze wollen wir nun versuchen, das Wesen der Pilze zu ergründen: Charakteristikum der höheren Pflanze ist das Blatt. Im Blatt (mit zugehörigem Stengelglied und Knoten) hat Goethe das Urorgan der Pflanze «gesehen» und gezeigt, daß alle anderen Organe, sei dies nun Blüte oder gar Frucht, durch Metamorphose aus diesem Urorgan hervorgehen. «Vorwärts und Rückwärts ist die Pflanze immer nur Blatt.»
Verfolgen wir nun die höhere Pflanze vom Blatt aus nach «vorwärts», so gelangen wir in den Bereich der Blüte. Blicken wir «rückwärts», so zeigt sich uns die Region der Wurzel. Blüte und Wurzel sind die beiden Pole der höheren Pflanze. Zwischen Blüte und Wurzel steht und vermittelt das Blatt.

△

Stinkmorchel *(Phallus impudicus)*
Größe: Hut: 3 cm, Stiel: 10–20 × 2–4 cm.
Vorkommen: Juni–November, in Laub- und Nadelwald.
Besonderes: Die Stinkmorchel gehört zu jenen Pilzen, die «wie Pilze über Nacht aus dem Boden schießen». Ihre Fruchtkörper werden im «Hexenei» fix und fertig vorbereitet und müssen sich bei günstiger Witterung nur noch strecken. Die Aufnahme zeigt uns eine Seltenheit: «eineiige» Zwillinge, deren Hüte miteinander verwachsen sind (Bild oben links).

Bei allen Phallaceen werden die Sporen nicht (wie bei den Pilzen sonst üblich) durch den Wind, sondern durch Insekten verbreitet. Mit einem aas- oder kotartigen Geruch lockt der reife Fruchtkörper Fliegen, Wanzen und Aaskäfer als Sporenverbreiter an (Bild oben rechts). △

Gefranster Erdstern *(Geastrum fimbriatum)* ▷
Größe: 6–8 cm.
Vorkommen: August–Oktober, besonders in trockenen, sandigen Nadelwäldern.
Besonderes: Der Gefranste Erdstern soll uns mit seiner «ausgefallenen» Gestalt die Formenvielfalt der Pilze vor Augen führen. Obwohl der Pilzkundige dutzende von sonderbaren Gestalten kennt, ist er doch immer wieder überrascht und erfreut, wenn er im düsteren Tannenwald einen Stern, den Erdstern, entdeckt.

◁ Mennigroter Saftling *(Hygrocybe miniata)*
Größe: Hut: 1–3 cm, Stiel: 3–6 × 0,5 cm.
Vorkommen: Sommer–Herbst, an feuchten Orten.
Besonderes: Ebenso vielfältig wie die Formen sind im Reich der Pilze die Farben: Von Gelb bis Violett liegt das ganze Farbspektrum vor uns ausgebreitet. Am seltensten trifft man auf Grün. Dies deshalb, weil dem Pilz das Blattgrün (Chlorophyll) fehlt. Bei den Saftlingen erreicht die Farbenpracht – wie uns der Mennigrote Saftling zeigt – ihren Höhepunkt.

Schwefelporling *(Laetiporus sulphureus)*
Größe: Die dachziegelig mit- oder übereinander verwachsenen Hüte ▷ können insgesamt eine Höhe und Breite von gut 50 cm erreichen.
Vorkommen: Mai–Juni (Oktober), meist auf Laubbäumen, selten auf Nadelbäumen.
Besonderes: Der Schwefelporling gehört zu den Parasiten, lebt also auf Kosten von anderen Organismen. Parasiten gibt es jederzeit und überall. Wenn sie trotzdem nur gelegentlich und nur an bestimmten Organismen auftreten, so deshalb, weil sie einen geeigneten Nährboden brauchen. Der geeignete Nährboden ist der geschwächte Organismus. So sind denn die Parasiten weit weniger die Verursacher als vielmehr die Indikatoren einer Krankheit.

Polarität von Blüte und Wurzel

Wie unterscheiden sich die beiden Pole? Im Bereich der Blüte stellen wir eine Tendenz zur Auflösung fest. In Blütenfarbe, Blütenduft und Pollen verströmt sich die Pflanze sozusagen in ihre Umwelt. Das Stoffwechselgeschehen dominiert am Blütenpol. Hier können die Stoffumsetzungen derart hitzig sein, daß Temperaturen entstehen, die – wie in der Blüte des Aronstabes (s. S. 24 ff.) – bis zu zehn Grad über der Außentemperatur liegen. Ganz andere Verhältnisse sind am Wurzelpol gegeben. Da herrschen Kräfte vor, die zur Verfestigung tendieren. Die dreigliedrige Pflanze (Blüte-Blatt-Wurzel) wollen wir nun als Maßstab an den Pilz anlegen. Bei einem derartigen Vergleich zeigen sich Parallelen zwischen Blüte und Pilzfruchtkörper einerseits, Wurzel und Pilzmyzelium andererseits. Blüte und Pilzfruchtkörper sind Zentren der Fortpflanzung. Beiden ist Kurzlebigkeit eigen. Wenn wir von der Blüte gelten lassen wollen, daß sie sozusagen als Schmarotzer auf den blattgrünführenden Pflanzenteilen sitzt, so können wir auch sagen: Blüte und Pilz sind heterotroph; sie können sich nicht selbständig ernähren. Wurzel und Myzelium drücken ihre Verwandtschaft vor allem darin aus, daß sie sich zur Mykorrhiza zusammenschließen. Zudem zeigen beide eine starke Neigung zur Verhärtung. Von der Wurzel ist dies längst bekannt; beim Myzelium zeigt sich die Härte nur bei besonderer Gelegenheit, etwa dann, wenn die Axt des Försters die zähen «Wurzelstränge» des Hallimasches freilegt. Wurzel und Myzelium sind Kinder der Finsternis.

Dem Pilz fehlt das Blatt

Zum Blatt läßt sich keine Parallele finden. Der Pilz ist durch das Fehlen der Mitte (Blatt) gekennzeichnet. «Wurzelblütler» hat Gerbert Grohmann die Pilze treffend genannt. Beim Pilz wird die «Blüte» nicht durch das Blatt von der «Wurzel» abgehoben; das macht sein Niveaugefälle gegenüber den Blütenpflanzen aus.
Noch deutlicher als durch die Pflanzen selbst zeigt sich der Niveauunterschied in ihren Beziehungen zur Tierwelt: Schmetterlinge, Bienen, Kinder des Lichtes, umschwärmen die Blütenpflanze. Schnecken, Wanzen, Aaskäfer, lauter lichtscheue Gesellen, verzehren den Pilz.

Speisepilze

Der Großteil der über 2000 höheren Pilze Europas gilt als für den Menschen ungenießbar, wenige taugen zur Speise und rund ein Dutzend ist giftig. Durch den Speisepilz ist die Pilzkunde ins Volk getragen worden. Der kulinarische Wert der Pilze liegt in ihrem Aroma. Wohl ist bei ihnen auch ein relativ hoher Gehalt an Eiweiß und Kohlehydraten nachgewiesen worden, doch lassen sich diese Stoffe der unverdaulichen Zellwände wegen nur schwer erschließen. Menschen mit labilem Verdauungssystem sollten deshalb beim Pilzkonsum vorsichtig sein.

△
Grünblättriger Schwefelkopf *(Hypholoma fasciculare)*
Größe: Hut: 2–7 cm, Stiel: 3–6 × 0,3–0,4 cm.
Vorkommen: Frühjahr bis Herbst, an Baumstrünken und -wurzeln.
Besonderes: Im Hinblick auf ihre Funktion im Haushalt der Natur kann man die Pilze in drei Gruppen einteilen: Saprophyten (Humusbewohner), Parasiten (Schmarotzer) und Symbionten («Zusammenleber»). Der Grünblättrige Schwefelkopf gehört zu den Saprophyten. Ihnen fällt (zusammen mit den Bakterien) die Aufgabe zu, Überreste von Organismen in ihre Grundstoffe abzubauen und diese einem neuen Stoffkreislauf zuzuführen.

Blütenpflanze

Tintenfischpilz
(Anthurus aseroeformis)

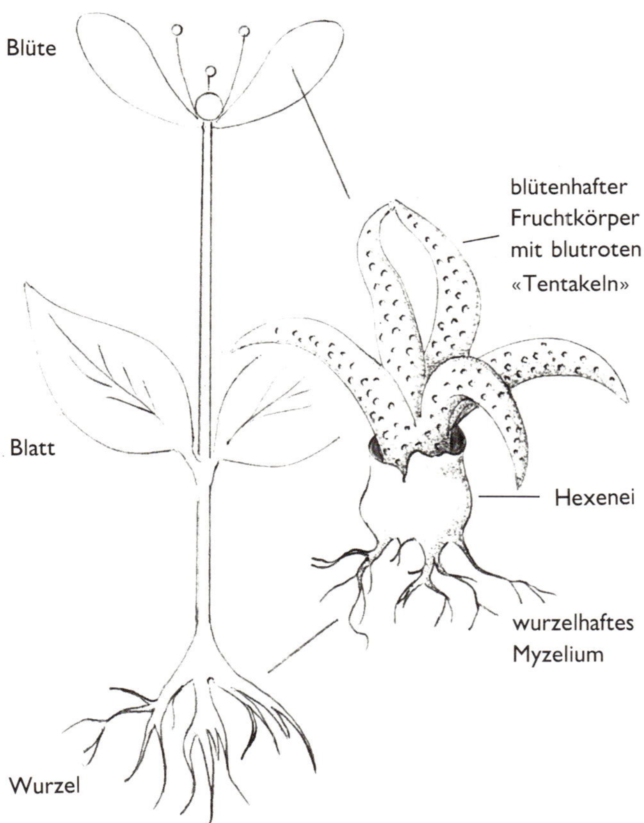

◁ Vergleich von Blütenpflanze und Pilz. Zu den schönsten «Pilzblumen» zählt der Tintenfischpilz. – Da den Pilzen das grüne Blatt fehlt, da sie sozusagen nur aus «Blüte» und «Wurzel» bestehen, hat sie Gerbert Grohmann treffend als «Wurzelblütler» bezeichnet.

◁ Lärchenröhrling *(Suillus grevillei)*
Größe: Hut: 4–15 cm, Stiel: 6–10 × 1–1,5 cm.
Vorkommen: Frühjahr–Herbst, unter Lärchen.
Besonderes: Der Lärchenröhrling lebt mit der Lärche in Mykorrhiza (Pilzwurzel). Der Pilz leitet der Lärche das Wasser und die im Wasser gelösten Nährstoffe zu. Als «Gegenleistung» bezieht er vom Baum Kohlehydrate, die er als blattgrünlose Pflanze nicht selbst bereiten kann.

Auch in anderer Hinsicht stehen die Pilze als Nahrung hinter den höheren Pflanzen zurück. Was ist es denn, das die Pflanze zur Nahrung von Mensch und Tier macht? Es ist ihre Beziehung zum Licht! Mit Hilfe des Sonnenlichtes baut die grüne Pflanze ihren lebendigen Leib aus toten Stoffen auf. Gespeichertes Sonnenlicht ist es also, das wir mit der grünen Pflanze zu uns nehmen und das uns nährt. «Alle bekannten Nährwerte, heißen sie Eiweißstoffe, Kohlehydrate oder Mineralien und Vitamine, sind im Grunde genommen und in ihrem Anbeginn Klänge und Klangarten des Sonnenlichtes» (Bircher-Benner). Mißt man nun den Wert der Nahrung nach «Lichtklängen», so kommen die Pilze schlecht weg. Als chlorophyllfreie Pflanzen sind sie nicht Produzenten lichtgesättigter Substanz, sondern – wie die Tiere – Konsumenten. Mit anderen Worten: Pilze sind «Licht aus zweiter Hand» und von entsprechender Qualität.
Durch verfeinerte Untersuchungsmethoden ist neuerdings nachgewiesen worden, daß Pilze, auch sogenannte Speisepilze, verschiedene Schwermetalle (wie Cadmium, Quecksilber, Blei und Kupfer) anreichern. Die Konzentration dieser giftigen Abfälle unserer Zivilisation ist bei den einzelnen Pilzarten ungleich hoch, immer aber deutlich höher als bei anderen im gleichen Raum gewachsenen Nährpflanzen. Wie schädlich der Konsum von schwermetallhaltigen Pilzen für den Menschen ist, darüber sind sich die Gelehrten noch nicht einig. Doch eine gewisse Zurückhaltung beim Verzehr ist wohl jetzt schon angezeigt.

Vorsicht vor giftigen Pilzen!

Wer trotz all dieser Bedenken Pilze zu Speisezwecken sammeln will, ist in erster Linie verpflichtet, die giftigen kennenzulernen. Vor Pilzvergiftung schützt nur eines: gründliche Kenntnis! Dies muß deshalb besonders betont werden, weil die volkstümlichen «Regeln» zur Verhütung von Pilzvergiftungen unglaublich zählebig sind. Der Aberglaube, ein beim Mitkochen schwarz anlaufender Silberlöffel würde Giftpilze anzeigen, ist nicht auszurotten. «Die wichtigste Regel zum Erkennen der Giftpilze lautet: es gibt keine Regel zum Erkennen der Giftpilze!», sagt Hermann Jahn treffend. Auch Pilze, die von Schnecken und anderen Tieren unbeschadet gefressen werden, können für den Menschen giftig sein.
Vom Gift zum Heilmittel ist bekanntlich nur ein kleiner Schritt. Seit der Entdeckung des Penicillins, eines aus dem Schimmelpilz *Penicillium notatum* gewonnenen Antibiotikums, haben die Pilze, auch die höheren, in steigendem Maße das Interesse der Heilmittelindustrie gefunden.
Unsere Betrachtung «rund um den Pilz», auch der Vergleich mit der Blütenpflanze, soll keine Wertung sein, sondern der Versuch, anhand der sichtbaren Gestalt das verborgene Wesen dieser Sonderlinge zu ergründen.

Die Pflanzengalle bringt es an den Tag

Unter «Pflanzengallen» versteht man nach den Lehrbüchern «alle diejenigen, durch einen fremden Organismus veranlaßten Bildungsabweichungen, welche eine Wachstumsreaktion der Pflanze auf die von dem fremden Organismus ausgehenden Reize darstellen, und zu welchen die fremden Organismen in irgendwelcher ernährungsphysiologischen Beziehung stehen.»
Für den Biologen ist die Gallenbildung eine Crux. Mit welchen Schwierigkeiten er hier zu kämpfen hat, soll uns eine Stelle aus Karl von Frischs «Biologie» vor Augen führen: «Daß sich die befallenen Wirte gegen ihren Schmarotzer zu wehren suchen, ist eine häufige und verständliche Erscheinung. Daß sie aber derart auf die Unterbringung und Verköstigung ihrer Einmieter bedacht sind, ist nur zu verstehen, wenn sie dazu gezwungen werden.»
Ohne die Leistungen moderner Naturforschung in irgendeiner Weise schmälern zu wollen, darf man doch sagen: Gallen lassen sich nicht erzwingen; vielmehr sind sie die vorgesehene Antwort auf einen erwarteten Anruf, eine Antwort, die sozusagen nur auf Kennwort hin erfolgt. Denn wenn sich die Wirtspflanze und ihre «Schmarotzer» völlig fremd wären, so würde die Galle nie entstehen! Doch lassen wir zunächst die Phänomene sprechen. Als Studienobjekt soll uns die an jungen Fichten *(Picea abies)* häufig anzutreffende «Ananasgalle» dienen.

Ananasgalle

Am Grund einer Fichtenzweigknospe sitzt im zeitigen Frühjahr eine «Stamm-Mutter» der Grünen Tannenlaus *(Sacchiphantes viridis)* und nährt sich dort von den frisch aufsteigenden Säften. Im April oder Mai legt das winzige, in ein weißes Wachsmäntelchen gehüllte Insekt gegen 150 Eier an das nährende Grün. Es ist erstaunlich, wie Jahr für Jahr geheimnisvolle Kräfte das Muttertier zur rechten Zeit an den rechten Ort seiner Eiablage führen. Die Bedeutung von Ort und Zeit manifestieren sich darin, daß die Pflanze Ammenfunktion erhält und einen wesentlichen Teil der Brutfürsorge übernimmt. Unter dem Einfluß «ihrer» Blattlaus werden in der Pflanze Metamorphosekräfte wachgerufen: Am Sitz der Lauseier wird das Längenwachstum des Fichtenzweiges unterbunden. Die zarten Nadeln

△
Ananasgalle
Größe: 2–3 cm.
Wirt: Fichte *(Picea abies)*.
Entwicklung: Mai–Juli.
Erreger: Grüne Fichtengallenlaus (Sacchiphantes viridis).

Ananasgalle
Besonderes: Im Mai legt eine Stammutter der Grünen Fichtengallenlaus etwa 150 Eier an einen jungen Trieb der Fichte. ▷
Unter dem Einfluß der Laus schwellen die Nadeln des Fichtentriebes zu breiten Schuppen an und schließen sich allmählich zu einem übergeordneten Ganzen, zu einem zapfenähnlichen Gebilde, zusammen.
Die aus den Lauseiern schlüpfenden Larven kriechen in die Hohlräume hinter den «Zapfenschuppen» und lassen sich dort als «Samen» einschließen.

schwellen zu breiten Schuppen an. Und die Schuppen schließen sich zu einem übergeordneten Ganzen, zu einem kleinen «Fichtenzapfen», zusammen.
Zur gleichen Zeit, da die Nadeln zu schwellen beginnen, schlüpfen aus den Lauseiern kleine Larven. Von unsichtbarer Hand geführt, kriechen die bleichen «Würmer» in die Hohlräume hinter den Schuppen und lassen sich dort als «Samen» in den «Zapfen» einschließen. In der Kinderstube ist der Tisch reich gedeckt. Solange die Larven der Nahrung bedürfen, bleiben die Zellen des Gallenmarkes teilungsfähig; was abgeweidet wird, wächst sofort wieder nach. Milch und Honig fließen wie im Schlaraffenland. Im Schoß der Fichte gedeihen die Läuse vortrefflich. Schon Mitte Juni ist der Zeitpunkt ihres Ausschwärmens gekommen. Aus eigener Kraft sind die zarten Wesen jedoch nicht imstande, die schweren Türen ihrer Brutkammern aufzustoßen. Wie großartig, daß gerade jetzt die Gallenzapfen austrocknen. Durch den starken Wasserentzug krümmen sich die Schuppen nach außen und öffnen damit den geflügelten «Samen» Tür und Tor.
Mit dem Ausschwärmen ist die Entwicklung der Fichtenlaus nicht abgeschlossen. Der ganze Zyklus erstreckt sich über zwei Jahre; er führt in vielen Schritten von der Fichte auf die Lärche und von der Lärche zurück auf die Fichte.

Bündnis zwischen Pflanze und Tier

Für unsere Betrachtung genügt es jedoch, dem ersten Akt des großartigen Schauspieles beigewohnt zu haben. Uns kommt es in erster Linie darauf an, im Zusammenwirken von Pflanze und Tier, wie es uns in der Galle entgegentritt, die Ganzheit aufzuzeigen. Zweifellos müssen Fichte und Fichtenlaus durch enge Bande miteinander verknüpft sein; wie wäre es der Laus sonst möglich, die Metamorphosekräfte der Fichte wachzurufen.
Dies ist der erstaunliche Tatbestand, doch er ist nicht wunderbarer als die Entwicklungsgeschichte anderer Gallen. Denken wir nur an die sonderbaren Gebilde am Blattstiel der Pyramiden- oder der Schwarzpappel: Durch die Verbindung mit der entsprechenden Laus krümmt sich der Stiel des Pappelblattes zur Spirale. Die Stielspirale schwillt und umschließt fürsorglich das keimende Leben in den Lauseiern. Alles weitere verläuft analog dem Geschehen in der Ananasgalle. Durch eine rückläufige Bewegung der Stielspirale gibt auch die Pappelblattgalle ihren Insassen genau zur rechten Zeit den Weg zur weiteren Entwicklung frei.
Pflanzengallen finden wir vor allem an Sprossen und an Blättern. An den Sprossen wird durch die Einwirkung des Tieres das Längenwachstum gedrosselt. Dadurch entstehen Blattanhäufungen wie wir sie von den Blüten her kennen. An den Blättern (Stielen, Rippen und Nerven) kommt es jedoch zu Gebilden, die in Form und Farbe stark an Früchte erinnern. Nicht umsonst spricht man da von «Galläpfeln».

◁ Die Fichte erhält Ammenfunktion; sie schützt und ernährt die heranwachsenden Läuse. Etwa Mitte Juni sind die Läuse flügge. Wie großartig, daß genau im rechten Zeitpunkt die Galle austrocknet. Ihre Schuppen spreizen sich nach außen und geben damit den Jungläusen den Weg zur weiteren Entwicklung frei.

Blattstielgalle
Größe: 3 cm.
Wirt: Schwarzpappel *(Populus nigra)*.
Entwicklung: August–September.
Erreger: Späte Spiralgallenlaus *(Pemphigus spirothecae)*
Besonderes: Infolge der Verbindung mit «ihrer» Laus krümmt sich der Blattstiel zur Spirale. Die Stielspirale schwillt an und umschließt «fürsorglich» das keimende Leben in den Lauseiern. Alles Weitere verläuft analog dem Geschehen bei der Ananasgalle.
▽

Wesentlich ist nun, daß jeder Gallenerzeuger, sei es an Sproß oder Blatt, eine für ihn typische Galle hervorruft. Verschiedene Insektenarten bewirken also auf ein und derselben Pflanze verschiedene Gallen; die gleiche Insektenart auf verschiedenen Pflanzen jedoch sehr ähnliche. Offensichtlich haben wir es in der Galle mit einem Organismus zu tun, zu dessen Entstehung die Pflanze den Stoff, und das Tier die Form beiträgt.
Im Banne eines Zweckdenkens hielt man die Gallenbildung zunächst für eine bloße Abwehrreaktion der Pflanze auf das Eindringen eines Fremdkörpers. Auch war man lange Zeit fest davon überzeugt, daß schon die Verletzung als solche genügen würde, um den Impuls zur Gallenbildung auszulösen. Erst als alle entsprechenden Versuche fehlschlugen, ging man dazu über, den Pflanzen Extrakte aus ihren Gallenerzeugern einzuimpfen. Doch auch diese Experimente blieben ohne Erfolg. Heute steht fest: Gallen entstehen nur dann, wenn vom lebenden Tier Wirkungen auf die Pflanze übergehen. Dies zeigt sich schon darin, daß die Galle verkümmert, sobald der ihr einwohnende Tierkeim abstirbt.

Jede Pflanze hat ihre Tiere

Wichtige Aufschlüsse über das enge Bündnis zwischen Pflanze und Tier können uns auch der «wurmstichige» Apfel und die «wespenträchtige» Feige geben. Sehen wir uns zunächst den vom «Wurm» befallenen Apfel etwas genauer an. Als erstes wird uns auffallen, daß dieser Apfel *vor* seinen Mitäpfeln vom Baume fällt. Ein Schnitt durch das «Kernenhaus» zeigt uns eine reife Frucht. Durch den «Wurm» ist der Apfel in seinem Reifen beschleunigt worden. Wohl wird hier die Frucht nicht direkt durch das Insekt hervorgelockt wie bei der Galle, doch wird sie in ihrem Reifen deutlich begünstigt. Jedenfalls offenbart sich auch hier ein intimes Zusammenwirken von Pflanze und Tier. – Zum Thema Feige geben wir I. T. Lorenzen das Wort: «Nur wenige Menschen, die eine Feige essen, haben ein Bewußtsein davon, daß sie einen ganzen Sproß verzehren. Eine Feige ist in der Tat ein metamorphosierter Sproß. Denken wir uns einmal einen solchen Sproß der Länge nach – etwa wie beim Seidelbast – mit kleinen Blüten besetzt und durch Verkürzung der Achse, zu einer Art Korbblüte zusammengezogen. Lassen wir dann den Blütenboden fleischig werden und den Korbinhalt so umwachsen, daß alle Blüten in eine Höhle zu liegen kommen und nur von vorne noch ein enger Zugang bleibt, dann haben wir ein feigenähnliches Gebilde vor uns.

Während die Narben der weiblichen Feigenblüten von allen Seiten in die Höhle hineinragen, befinden sich die Staubblüten in der Regel rings um die kleine Öffnung. Durch diese schlüpfen im April die etwa 2 mm großen Feigenwespenweibchen und suchen ihre Eier in den weiblichen Blüten abzusetzen. Dabei dringt ihr Legestachel durch den Griffelkanal bis zur Eizelle vor, macht also das, was normalerweise dem Pollenschlauch vorbehalten ist. Durch die Eiablage findet gleichsam eine Befruchtung höherer Art statt.»

Was sich bei dieser «Befruchtung höherer Art» im einzelnen abspielt, das ist bei der Eselsfeige (Ficus sycomorus) und ihrem Verbündeten, der Feigenwespe (Ceratosolen arabicus) eingehend untersucht worden. Hier das Ergebnis in Kürze:

Unter dem Einfluß des einverleibten Tierkeimes entwickeln sich die weiblichen Feigenblüten zu Gallen, in denen innerhalb von wenigen Wochen eine neue Wespengeneration heranwächst. Die Männchen sind vor den Weibchen ausgebildet. Kurz vor dem Verlassen der Kinderwiege kriechen sie in der Feige umher und «suchen» dort nach Gallen, in denen sich Weibchen befinden. Am «Ziel» angelangt, durchbohren sie die Gallenwand und vollziehen durch das Bohrloch hindurch die Begattung. In einem letzten Akt durchlöchern die Männchen auch noch die Feigenwand, verlassen jedoch die schützende Höhle nicht, sondern gehen in ihr wenig später zugrunde. Die Feige ist ihnen also Geburtshaus und Grab zugleich.

In der Zwischenzeit sind die Weibchen schlüpfreif geworden. Sie erweitern die von den Männchen in die Gallenwand gebohrten Begattungskanäle, ziehen durch diese Tore in den Hohlraum der Feige um und begeben sich dort zu den jetzt voll entwickelten Staubblüten. Auf beiden Seiten des Brustabschnittes besitzen die Weibchen von Ceratosolen arabicus (auch die Weibchen einiger anderer Feigenwespenarten) eine kleine Pollentasche, in die sie nun mit Hilfe der Vorderbeine Portion um Portion des reifen Blütenstaubes stopfen. Mit vollen Taschen steigen die Pollensammlerinnen auf den ihnen von den Männchen vorbereiteten Wegen ans Licht. Das scheinbar

Feige und Feigenwespe

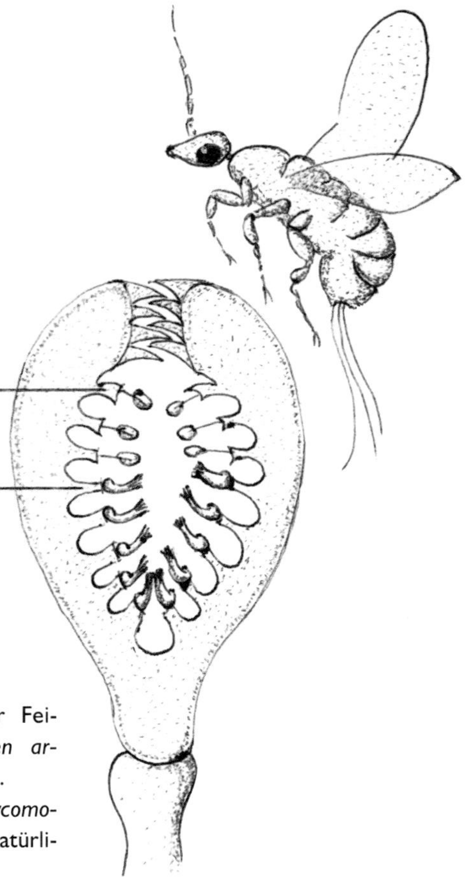

Oben: Weibchen der Feigenwespe *(Ceratosolen arabicus)* (Größe 2 mm). Rechts: Feige *(Ficus sycomorus)* im Längsschnitt (natürliche Größe).

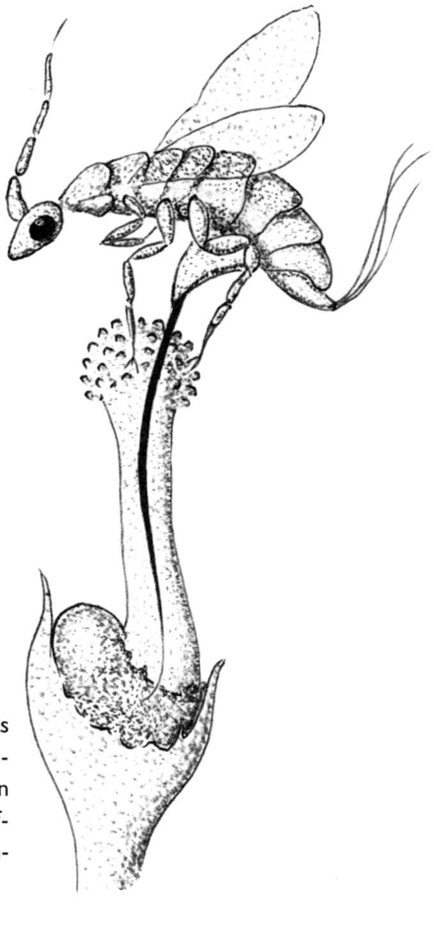

Bei der Eiablage dringt das Weibchen der Feigenwespe mit seiner langen Legeröhre durch den Griffelkanal bis zur Samenanlage vor.

sinnlose Durchbohren der Feigenwand durch die sterbenden Männchen erweist sich somit als eine Art «fremddienlicher Zweckmäßigkeit». Wobei ich hinter «fremddienlich» ein großes Fragezeichen setzen möchte, denn die Männchen verhalten sich hier ja so, als wären die Weibchen ein Teil ihrer selbst!
Doch jetzt zurück zu den «trächtigen» Pollensammlerinnen. Kaum haben sie «das Licht der Welt erblickt», zwingt sie der Eiablagetrieb zum Einstieg in die nächste Feige. Während der Eiablage kratzen sie mit den Krallen ihrer Vorderbeine den Pollen aus den Taschen, streifen ihn auf den empfangsbereiten Narben der umliegenden weiblichen Blüten ab und leiten so die Befruchtung ein. Bemerkenswert ist, daß hier die Bestäubung der Blüten nicht zufällig, sondern «gezielt», das heißt durch spezielle Organe und ein spezielles Verhalten des prädestinierten Insektes erfolgt!
Ja, die Pflanzengalle bringt es an den Tag: Der scharfe Trennungsstrich, den die Systematiker zwischen Pflanze und Tier ziehen, existiert nur auf dem Papier. In Wirklichkeit hat jede Pflanze «ihre» Tiere und jedes Tier hat «seine» Pflanzen. Pflanze und Tier gehören zusammen wie die Finger zu einer Hand.
Auch der «wurmstichige» Apfel und die «wespenträchtige» Feige belegen, daß die Naturreiche nicht in sich geschlossene Systeme sind, sondern einander offenstehen, sozusagen aufeinander hinblicken und erst durch die Vereinigung voll wirklich werden.

Das Buschwindröschen

Weißer Blütenteppich

Im Frühjahr, wenn sich Erde und Sonne zu neuem Wirken vereinen, breitet das Buschwindröschen *(Anemone nemorosa)* seine weißen Blütenteppiche aus. Wie auf ein geheimes Kommando, fast zur gleichen Stunde, öffnen sich Tausende von zarten Blütenkelchen. Jahr für Jahr das gleiche Bild, und doch immer wieder anders, anders deshalb, weil wir, die wir das Bild betrachten, uns wandeln.
Welch großer Beliebtheit sich das Buschwindröschen in weiten Kreisen erfreut, zeigen seine vielen volkstümlichen, von den spezifischen Eigenschaften hergeleiteten Namen. Hier eine kleine Auswahl: «Hemliglunggi» (Aussehen), «Guggerblueme» (Blühzeit), «Waldanemone» (Standort).
Aus kurzem, wurmförmigem Wurzelstock lockt die Sonne Ende März einen zarten, unverzweigten Stengel hervor, der drei reich zerteilte Hochblätter trägt. Beim Durchstoßen des Waldbodens legen sich die Hochblätter «schützend» über die Blütenknospe, geben aber schon nach kurzer Zeit den schönen Sechserstern frei, so daß er sich voll entfalten und auf seinem dünnen Stiel ungehindert dem Tageslauf der Sonne folgen kann. Im Zentrum der Blüte, rings um die vielen Fruchtknoten, stehen zahlreiche Staubblätter mit goldgelben Antheren. Alle Teile der Pflanze enthalten Anemonol, ein Gift, das auf den Menschen ähnlich wirkt wie das Akonit des Eisenhutes. Vom Hausarzt früherer Zeiten ist Anemone nemorosa als harntreibendes Mittel verwendet worden.

Vermehrung durch unterirdische Sprosse

Sobald der Wald im Mai sein Blätterdach schließt, zieht sich das Buschwindröschen in den Boden zurück und legt am einen Ende seines unterirdischen Wurzelstockes die Knospe für das kommende Jahr an. Am entgegengesetzten Ende stirbt der Stamm ab. Auf diese Weise wandert der Wurzelstock allmählich durch den Erdboden und erobert immer wieder Neuland. Der Stamm treibt auch Seitenzweige, die, sobald die «Mutter» an der Verzweigungsstelle abstirbt, selbständig werden. Das Buschwindröschen vermehrt sich fast ausschließlich durch unterirdische Sprosse; Verbreitung durch Samen spielt bei ihm eine untergeordnete Rolle.
Während der ganzen Entwicklungszeit des Buschwindröschens ist der Waldboden noch von der Feuchtigkeit des Winters durchtränkt. Anemone nemorosa liebt das Naß, und es ist, als würde sich des Wassers unstetes Wesen in des Pflänzchens labiler Gestalt spiegeln. Ich kenne keine andere wildwachsende Pflanzenart, bei der so oft Deformationen anzutreffen sind, wie beim Windröschen.

Grüne Inseln

Dem aufmerksamen Naturfreund werden die grünen Inseln im weißen Meer der Anemonenblüten nicht entgehen. Bei näherer Betrachtung werden sich ihm die Eilande als Gruppen von Anemonen zu erkennen geben, deren Kron- und Staubblätter zum großen Teil vergrünt sind und die Gestalt von Laubblättern angenommen haben. Goethe hat Erscheinungen dieser Art als «rückschreitende Metamorphose» bezeichnet und wie folgt charakterisiert: «Die unregelmäßige Metamorphose können wir auch die rückschreitende nennen. Denn wie in jenem Fall (gemeint ist der Fall regelmäßiger Metamorphose, d. V.) die Natur vorwärts zu dem großen Zwecke hineilt, tritt sie hier um eine oder einige Stufen rückwärts. Wie sie dort mit unwiderstehlichem Trieb und kräftiger Anstrengung die Blumen bildet und zu den Werken der Liebe rüstet, so erschlafft sie hier gleichsam und läßt unentschlossen ihr Geschöpf in einem unentschiedenen, weichen, unseren Augen oft gefälligen, aber innerlich unkräftigen und unwirksamen Zustande. Durch die Erfahrung, welche wir an dieser Metamorphose zu machen Gelegenheit haben, werden wir dasjenige enthüllen können, was uns die regelmäßige verheimlicht, deutlich sehen, was wir dort nur schließen dürfen ...» Ganz offensichtlich treten beim vergrünten Buschwindröschen die Kron- und Staubblätter «um eine oder einige Stufen rückwärts». Meist kann sich die Blüte auch räumlich nicht über die Hochblätter erheben. Auf Niveaugalität deutet ferner hin, daß beide zur gleichen Zeit vergehen.

△

Buschwindröschen *(Anemone nemorosa)*
Größe: bis 25 cm.
Vorkommen: Wälder, Baumgärten, Wiesen/kollin-montan. (Definition der Höhenstufen siehe Seite 77).
Blühzeit: März–Mai.
Besonderes: Im Frühjahr, bevor die Bäume ihr Laub entfalten, ist der Boden unserer Laubwälder mit den schneeweißen Blüten des Buschwindröschens bedeckt. Sobald sich aber das Blätterdach völlig schließt, zieht sich das zarte Pflänzchen in den Erdboden zurück und legt am einen Ende seines Wurzelstockes die Knospe für das kommende Jahr an (Bild oben links).

In unmittelbarer Nähe des Buschwindröschens wachsen oft die zierlichen Kelche des *Anemonenbecherlings*. Der Stiel dieses Pilzchens entspringt einem Sclerotium, das sich im Wurzelstock des Buschwindröschens entwickelt hat (Bild oben rechts).

Buschwindröschen. Die «normale» Blüte des Buschwindröschens ▷ weist (meist) 6 Kron- und zahlreiche Staubblätter auf. Das Buschwindröschen vermehrt sich vorwiegend durch unterirdische Sprosse.

Im weißen Blütenteppich der Buschwindröschen finden wir immer ▷ wieder ganze Gruppen von Exemplaren, deren Kron- und Staubblätter vergrünt und auf die Stufe des Laubblattes zurückgesunken sind. Durch die «rückschreitende Metamorphose», wie dieses Geschehen von den Botanikern genannt wird, erweist sich das grüne Blatt als «Urorgan» der höheren Pflanze.

Rückschreitende Metamorphose

Um nun durch die unregelmäßige Metamorphose «dasjenige enthüllen zu können, was uns die regelmäßige verheimlicht», müssen wir uns die Stufenfolge im normalen Werdegang einer Blütenpflanze vor Augen führen: Same-Blatt-Blüte-Frucht. Wir sehen: Entwicklung ist mit Gestaltwandel verbunden. «Wohl ist alles in der Natur Wechsel, aber hinter dem Wechselnden ruht ein Ewiges.» Davon war Goethe fest überzeugt, und sein ganzes Streben war darauf ausgerichtet, im Wechselnden das Ewige zu finden. In der unregelmäßigen Metamorphose, bei der – wie wir gesehen haben – die Wandlung stockt, ja sogar auf frühere Stufen (vom Blüten- auf das Laubblatt) zurückfällt, kann sich uns das grüne Blatt als das «Ewige», als das «Urorgan» der Pflanze, offenbaren. Die vergrünten Blütenblätter des Buschwindröschens bestätigen Goethes Erkenntnis: «Vorwärts und rückwärts ist die Pflanze immer nur Blatt», das Blatt ist das Ewige im Wechselnden der Pflanze.

Nun wollen wir eine der vergrünten Blüten sorgfältig zerlegen. Dabei stellen wir fest, daß die rückschreitende Metamorphose vor den Fruchtblättern Halt macht. Die Fruchtblätter werden vom Rückschritt nicht erfaßt. Ist das wohl Zufall? Wieder liefert uns Goethe den Schlüssel zum Verständnis. Unter seinen Sprüchen in Prosa finden wir folgende Stelle: «Zu bemerken ist, daß die Systeme des Kelches, der Krone und der Staubfäden dem *System der Stengelblätter* korrespondieren; Pistill, Fruchtblätter und Frucht aber dem *System der Augen* angehören. Wer sich dieses anschaulich machen kann, wird einen tiefen Blick in die Naturgeheimnisse tun.» – Zwei Systeme lassen sich also bei der Pflanze unterscheiden: das der Stengelblätter und das der Augen. Der Botaniker Gerbert Grohmann hat diese Systeme *Blatt-* und *Stengeltendenz* genannt und an vielen Beispielen gezeigt, daß die Kelch-, Kron- und Staubblätter der Blattendenz gehorchen, wogegen die Fruchtblätter der Stengeltendenz unterstehen. Auch diese Erkenntnis Goethes läßt sich beim vergrünten Buschwindröschen nachvollziehen. Durch die rückschreitende Metamorphose zeigt sich uns die Anemonenblüte beherrscht von zwei Gestaltungskräften, von denen die eine zum Blatt, die andere zum Stengel tendiert. Die Kron- und Staubblätter bekennen sich durch ihr Vergrünen zum Blatt; die Fruchtblätter zeugen durch ihren Widerstand gegen das Verblättern von ihrer Stengelzugehörigkeit.

Was sich in der Blüte entzweit, das schließt sich in der Frucht wieder zusammen. Die Befruchtung ist im Grunde nichts anderes als eine Vereinigung von Blatt- und Stengeltendenz: Staubblatt (Pollen) und Fruchtblatt (Samenanlage) verschmelzen in der Frucht zur Einheit.

◁ Die Fruchtblätter (im Zentrum der Blüte) werden von der rückschreitenden Metamorphose nicht erfaßt. Sie unterstehen – das zeigt sich hier deutlich – nicht der Blatt-, sondern der Stengeltendenz. Blatt- und Stengeltendenz sind polare Systeme, die sich jedoch bei der Befruchtung vereinen.

Das Blatt als Urorgan der Pflanze

So kann denn die rückschreitende Metamorphose des Buschwindröschens zum Okular werden, durch das wir den erhofften «tiefen Blick in die Naturgeheimnisse» tun dürfen: Sie kann uns das Blatt als «Urorgan» der Pflanze zeigen; sie kann uns Blatt- und Stengeltendenz als polare Systeme erkennen lassen; sie kann uns verraten, daß Kelch, Krone und Staubfäden der Blattendenz gehorchen, wogegen die Fruchtblätter der Stengeltendenz unterstehen; sie kann uns schließlich offenbaren, wie sich bei der Befruchtung Blatt- und Stengeltendenz vereinen.

Hat Goethe zuviel versprochen, wenn er sagt: «Durch die Erfahrung, welche wir an dieser Metamorphose zu machen Gelegenheit haben, werden wir dasjenige enthüllen können, was uns die regelmäßige verheimlicht, deutlich sehen, was wir dort nur schließen dürfen . . .»?

Schema einer Blütenpflanze

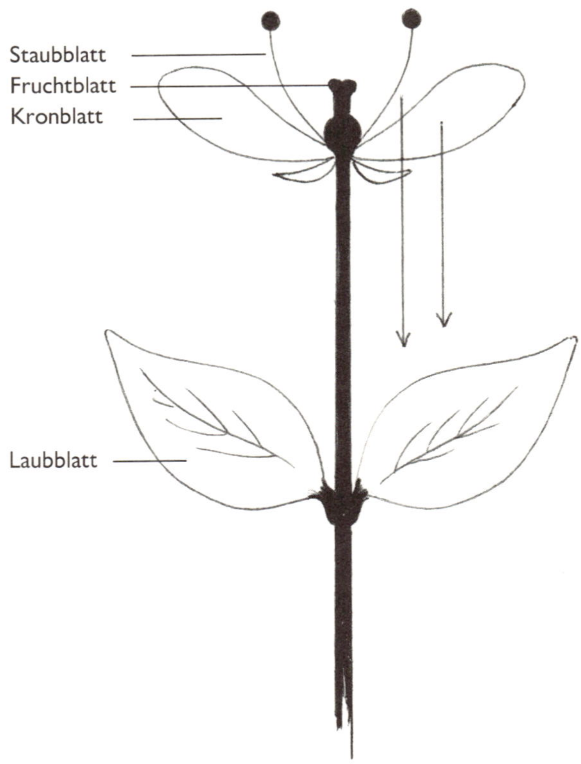

▷

Bei Exemplaren des Buschwindröschens mit rückschreitender Metamorphose sinken die Staub- und Kronblätter in Form und Farbe auf die Stufe des Laubblattes zurück. Der Botaniker Gerbert Grohmann unterscheidet bei der Blütenpflanze zwei Tendenzen: Die *Blatt-* und die *Stengel*tendenz. Die Kron- und die Staubblätter «bekennen» sich durch ihren Rückschritt auf die Stufe des grünen Blattes zur Blattendenz. Wogegen die vom Rückschritt nicht erfaßten Fruchtblätter offensichtlich der Stengeltendenz unterstehen.

Der Aronstab und seine Gäste

Der Aronstab *(Arum maculatum)* gehört zu den typischen Begleitpflanzen unserer feuchten Eichen-Hagebuchen-Wälder. Unter den volkstümlichen Namen «Ronechrut» und «Aronechrut» ist er weitherum bekannt geworden. Wo mag seine Popularität nur herrühren? In unserer materialistischen Zeit hat ein Geschöpf nur dann Aussicht, im Volk bekannt zu werden, wenn es sich für den Menschen als nützlich oder schädlich erweist. Auf den Aronstab trifft (scheinbar) ersteres zu. Jedenfalls werden seine pfeilförmigen Blätter jedes Frühjahr auf dem Markt als Gemüse feilgeboten. Blutreinigende Wirkung wird dem Gericht aus Aronstabblättern zugesprochen.

Die chemische Analyse zeigt uns den Aronstab als Träger verschiedener Gifte: Aroin wurde festgestellt, ein Gift, das nach dem Aronstab benannt worden ist. Aber auch Oxalsäure ist in kristalliner Form und in beachtlicher Menge gefunden worden. Zum Glück der Blutreinigungsgläubigen verflüchtigen sich diese Gifte weitgehend, wenn die Pflanze gekocht wird.

Arum maculatum ist ein Frühblüher. Schon Ende April erscheint zwischen seinen pfeilförmigen Blättern ein zartgrünes, langzipfeliges Gebilde, das sogenannte Blütenhüllblatt. Im unteren Teil sind die Ränder dieses Hüllblattes zu einem bauchigen Kessel übereinander geschlagen. Aus dem Kessel heraus, in den offenen Teil der Spatha hinein, ragt ein violetter Kolben. Tragen wir den vorderen Teil des Hüllblattkessels ab, so entdecken wir an der Basis des Kolbens, von unten nach oben, die spiralig angeordneten Fruchtblüten, daran unmittelbar anschließend einen spärlichen Kranz von Haaren, dann die Staubblüten und schließlich, auf der Höhe des engen Kesseleinganges, wieder mehrere Haarringe.

△

Gefleckter Aronstab *(Arum maculatum)*
Größe: 20–50 cm.
Vorkommen: Wälder, Hecken / kollin(-montan).
Blühzeit: April–Mai.
Besonderes: Der Aronstab, eine Begleitpflanze feuchter Eichen-Hagebuchen-Wälder, gehört zu den Frühblühern. Schon Ende April erscheint zwischen seinen pfeilförmigen Blättern ein blaßgrünes Blütenhüllblatt, das in seinem unteren Teil einen bauchigen Kessel bildet und die an einem mächtigen Kolben ringförmig angeordneten Blüten umschließt.

Die Pflanze als Prophet

Aus der Überlieferung wissen wir, daß dem Aronstab in früheren Zeiten prophetische Kräfte zugeschrieben worden sind. An der Aronstabblüte glaubte der alte Bauer ablesen zu können, wie die Ernte des laufenden Jahres ausfallen würde. Im einzelnen sind zueinander in Beziehung gebracht worden:

Aronstab		*Ernte*
Fruchtblüten	–	Knollenernte
unterer Haarring	–	erster Grasschnitt
Staubblüten	–	Obsternte
oberer Haarring	–	zweiter Grasschnitt
freies Kolbenende	–	Getreideernte

Kräftig entwickelte Blütenteile des Aronstabes haben als Hinweis auf einen hohen Ertrag der entsprechenden Nährpflanze gegolten, und umgekehrt.

Eine derartige Naturbetrachtung ist uns «Aufgeklärten» fremd. Wie staunen wir deshalb, in der 1962 erschienenen «Heilpflanzenkunde» des Pharmazeuten Wilhelm Pelikan diesbezüglich folgende Sätze zu finden: «Solche Erscheinungen sind nur einem naturfremd gewordenen Zeitalter verwunderlich. Wer aber im Ablauf eines Jahres nicht die zufällige, gesetzlose Aufeinanderfolge von 365 Tagen, sondern einen lebendig sich entwickelnden Organismus, einen ‹Zeitleib› sehen kann, der ‹nach dem Gesetz, nach dem er angetreten›, Tag um Tag entfaltet, wie die Pflanze Blatt um Blatt, der wird sich nicht darüber wundern, daß im Pflanzenleben ‹das Künftige voraus lebendig ist›.»

△

Tragen wir den vorderen Teil des Hüllblattkessels ab, so entdecken wir an der Basis des Kolbens, von unten nach oben, die Fruchtblüten und einen spärlichen Kranz von Haaren. Anschließend folgen die Staubblüten und – auf der Höhe des Kesseleinganges – mehrere Ringe dicht stehender Borsten.

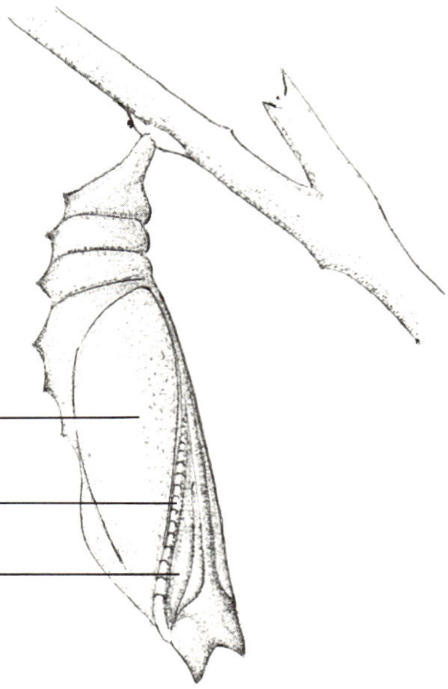

◁ An der Ausbildung der einzelnen Blütenglieder des *Aronstabes* las der alte Bauer ab, wie im betreffenden Jahr die Ernte an Feldfrüchten ausfallen würde. Eine derartige Naturbetrachtung ist uns «Aufgeklärten» zunächst fremd. Doch Erscheinungen, in denen «das Künftige voraus lebendig ist», gibt es noch viele. Beispielsweise nimmt die Puppenhülle der Schmetterlinge die Gestalt des Vollinsektes in nach außen gewölbten Hohlformen vorweg. Deutlich sind an ihr von allem Anfang an die «Matrizen» der Gliedmaßen, Flügel und Fühler des Falters zu erkennen, obwohl das Innere der Puppe zunächst keinerlei Struktur aufweist. Die Schmetterlingspuppe soll uns den Blick für die Zeitgestalt der Organismen, für die Vorbereitung der Reifegestalt auf frühen Entwicklungsstufen schärfen.

Die Narben der Aronstabblüte werden von winzig kleinen Schmetterlingsmücken (Psychodidae) bestäubt. ▷

Das Künftige voraus lebendig

Ja, nicht nur im Pflanzen-, sondern auch im Tierleben ist «das Künftige voraus lebendig». Beispielsweise berichten uns die Ornithologen immer wieder, daß die Größe des Waldkauzgeleges von der Größe der kommenden Mauspopulation abhänge (große Mauspopulation = großes Waldkauzgelege, und umgekehrt). Der Waldkauz brütet im Februar und März, zu einer Zeit also, die deutlich vor der eigentlichen Fortpflanzungsperiode der Mäuse liegt. Oder denken wir an die Metamorphose bei den Schmetterlingen. Wenn sich die Schmetterlingsraupe in die Puppe verwandelt, so nimmt die Puppenhülle einige der künftigen Falterorgane in nach außen gewölbten Hohlformen voraus. Ein physisch noch gar nicht vorhandener Kern prägt also die Schale!
In all diesen Fällen wirft Künftiges seine Schatten in die Gegenwart voraus. Ist nun die Zeit wirklich nur «ein kontinuierliches Fortschreiten, innerhalb dessen sich alle Veränderungen vollziehen», oder zwingen uns die Phänomene des Lebens, den landläufigen Zeitbegriff zu revidieren?

Das geheizte Stüblein

Doch jetzt zurück zum Aronstab und seiner großartigen Blütenbiologie: Der frisch geöffneten Blüte entströmt ein aas- oder kotartiger Geruch, durch den kleine Schmetterlingsmükken *(Psychodidae)* in Scharen und aus großer Entfernung angelockt werden. Als «Landeplatz» dient den Besuchern die Innenseite des Hüllblattes oder das obere Ende des Kolbens. Aber sowohl Hüllblatt als auch Kolben sind glatt wie Wachs. Die Schmetterlingsmücken gleiten an ihnen ab und gelangen auf die Haarreuse am Eingang des Spathakessels. Aus dem Kessel steigt «wohlige» Wärme auf. Im Innern der Spatha sind Temperaturen gemessen worden, die bis zu zehn Grad über der Außentemperatur gelegen sind. Wärme umfängt also die Gestrauchelten und zieht sie in ihren Bann, lockt sie mit unwiderstehlicher Gewalt in den Kessel herein. Die schrägabwärts gerichteten Reusenhaare im Kesseleingang lassen die Gäste wohl in das geheizte Stüblein ein-, zunächst jedoch nicht wieder austreten. Bei ihren «Fluchtversuchen» klettern die «Gefangenen» auf den Fruchtblüten am Grunde des Kessels umher. Haben sie schon früher in einer Aronstabblüte verweilt, so bringen sie von dort Pollen mit, den sie jetzt auf den klebrigen Narben abstreifen. Wie zum Dank sondern die befruchteten weiblichen Blüten einen kleinen Nektartropfen ab. Erst wenn alle Samenanlagen befruchtet sind, öffnen sich die höher gelegenen männlichen Blüten. Eine Wolke von Blütenstaub legt sich jetzt auf die Mücklein, über und über werden sie mit Pollen be-

◁ Gegen den Herbst hin streckt sich der Blütenschaft. Bis zu 30 cm hebt er den Fruchtstand empor.

stäubt. Am folgenden Tag schrumpfen die Reusenhaare, die Spatha welkt und der Auszug der seltsamen «Geistchen» beginnt. Doch ihre «Freiheit» währt nicht lange. Allenthalben laden frisch erblühte Aronstäbe mit ihrem «verführerischen» Duft zum Besuche ein. Durch das wundervolle Zusammenspiel von Blüte und Insekt wird der Aronstab mit absoluter Sicherheit fremdbestäubt.

Während Hüllblatt und Kolben im Laufe des Sommers allmählich vergehen, wächst der Schaft mächtig in die Höhe. Bis zu 20 cm hebt er den Fruchtstand empor. Weit leuchten im Herbst die dichtgeballten, scharlachroten Beeren durch das Unterholz. Jetzt, wo der «Aronstab» im Walde steht, wird uns klar, woher die Pflanze ihren Namen hat.

Es hieße, den Phänomenen Gewalt antun, wollten wir das wundervolle Zusammenspiel von Blüte und Insekt als blinden Zufall deuten. Vorurteilsfreie Betrachtung lehrt uns: Aronstab und Schmetterlingsmücke gehören zusammen; sie sind die beiden sich gegenseitig bedingenden und ergänzenden Pole eines umfassenden Ganzen!

Ein Plädoyer für den verachteten Regenwurm

Ein weit verbreiteter Bodenbewohner

Nach Alfred Edmund Brehm, dem Altmeister volkstümlicher Tierkunde, leben in einem Hektar Waldboden rund dreieinhalb Millionen Regenwürmer.

Wir alle sind diesen weitverbreiteten Bodenbewohnern schon begegnet, haben uns vielleicht über ihr massenhaftes Erscheinen bei Regenwetter gewundert, vielleicht auch nach dem Grund dieses Phänomens gefragt. Viel größer wird unser Interesse an diesen «primitiven» Geschöpfen jedoch kaum gewesen sein. Jedenfalls gehören die Regenwürmer – im Gegensatz zu beispielsweise den Schmetterlingen – nicht zu den Tieren, die wir absichtlich aufsuchen und die wir schon auf den ersten Blick ins Herz schließen. Vielmehr teilen sie das Los all derer, die wie sie auf dem Bauche kriechen: Sie werden von den meisten Menschen nicht beachtet oder gar verachtet.

Ja, es fällt uns schwer, die Würmer nicht nach dem «Maßstab des Gefallens und Mißfallens, des Anziehens und Abstoßens» (Goethe) zu messen. Doch die Schwierigkeiten sind bekanntlich da, um überwunden zu werden. Bemühen wir uns also um ein – wie Goethe sagt – «unmittelbares Anschauen», um eine emotions- und vorurteilslose Betrachtungsweise.

Unübertreffliche Meister auf dem Gebiet sachlicher Betrachtung sind unter den Biologen die Systematiker. Für sie zählen nur die nackten Tatsachen. Sie berichten uns denn auch kurz und bündig: «Die Regenwürmer gehören zu den Ringel- oder Gliederwürmern und innerhalb dieses Stammes zur Klasse der Wenigborster beziehungsweise wenigborstigen Gürtelwürmer.» – Für die Stellung der Regenwürmer im Natürlichen System sind also vor allem drei Eigenschaften maßgebend: die Gliederung des Leibes in Ringel (Segmente), eine geringe Zahl von Borsten und der Besitz eines Gürtels. Eigenschaften, die für den Systematiker bezeichnend sind, werden wohl auch für das Tier selbst eine Bedeutung haben. Gehen wir dieser Vermutung nach; befassen wir uns zunächst mit dem Gürtel.

Als «Gürtel» oder «Clitellum» wird von den Zoologen eine gürtelförmige, drüsenreiche Hautverdickung bezeichnet, die bei den Regenwürmern im vorderen Körperdrittel nahe der Geschlechtsöffnung liegt und sich über mehrere Segmente erstreckt. Diesem auffälligen Organ kommt bei der Paarung und der Eiablage eine wichtige Funktion zu.

Die Paarung

Alle Regenwürmer sind Zwitter und begatten sich meist gegenseitig. Ihre Paarung erfolgt stets nachts und bei feuchtwarmer Witterung. Zwei benachbarte, geschlechtsreife Individuen kriechen da (ganz oder nur teilweise) aus ihren Röhren und suchen mit ausgestrecktem Vorderkörper den Kontakt. – Bei der Kopulation liegen sie in entgegengesetzter Richtung. Im Bereich der Geschlechtsöffnung schmiegen sie sich, Bauch an Bauch, aneinander. Mit Hilfe von speziellen Kopulationsborsten, die gegenseitig in den Hautmuskelschlauch eingestochen werden, festigen sie die Verbindung. Sobald dies geschehen ist, sondern sie aus den Drüsen des Clitellums reichlich Schleim ab, der als breites Band beide umschließt und somit eine wechselseitige Samenübertragung ermöglicht. Die Spermien gelangen zunächst nicht in die Geschlechtsöffnung des Partners, sondern in eine blind endende Samentasche und bleiben dort bis zur Eiablage gespeichert. Die Befruchtung der Eier erfolgt also erst, nachdem sich die Tiere längst wieder getrennt haben.

Wie bei der Paarung sondert der Wurm auch bei der Eiablage aus den Drüsen seines Clitellums so große Mengen von Schleim ab, daß sie dort, wo die Fortpflanzungsorgane münden, ein breites Band um seinen Leib bilden. Dieses Schleimband wird in kurzer Zeit so steif und fest, daß der Wurm aus ihm herauskriechen beziehungsweise daß er es als Ganzes abstreifen kann. Beim Vorbeigleiten an der weiblichen Geschlechtsöffnung nimmt nun das Schleimband die Eier, beim Passieren der Samenspeichertasche die Spermien auf. Die Befruchtung der Eier erfolgt somit auf den Bahnen des Clitellum-Schleimes. Kaum ist das Schleimband völlig abgestreift, ziehen sich seine Ränder zusammen. Aus dem offenen Band wird jetzt ein geschlossenes Gefäß (Kokon), in dessen Schutz sich der Nachwuchs weitgehend ungestört entwickeln kann.

Gemeiner Regenwurm *(Lumbricus terrestris)* ▷
Größe: bis 30 cm.
Vorkommen: Zahlreich in allen «gesunden» Böden.
Fortpflanzung: Alle Regenwürmer sind Zwitter und begatten sich meist gegenseitig.

Besonderes: Dem «verachteten» Regenwurm kommt bei der Humusbildung große Bedeutung zu: Mit seinem dichten Netz von Gängen durchlüftet und lockert er den Erdboden.
Was die Regenwürmer in tiefen Schichten als Nahrung aufnehmen, das scheiden sie größtenteils an der Erdoberfläche in Form der bekannten «Wurmhäufchen» aus. Auf diese Weise heben sie laufend die vom Regenwasser ausgeschwemmten und mit ihm versickerten Nährstoffe in den Bereich der Pflanzenwurzeln empor und führen damit das «verlorene» Gut einem neuen Kreislauf zu.
Bei dieser Aufnahme ist der am Ende des vorderen Leibesdrittels sich befindende «Gürtel» (Clitellum) deutlich zu sehen. Dieses Organ spielt bei der Fortpflanzung eine wichtige Rolle.

Borsten am Leib

Nebst dem Gürtel ist – wie oben ausgeführt – auch der Besitz von nur wenigen Borsten eine für die Regenwürmer charakteristische Eigenschaft. «Wenige Borsten» heißt hier konkret vier Paar Borsten pro Leibessegment, Borsten, die in Hauttaschen versenkt und dem Körper entlang in vier Reihen (zwei bauch- und zwei seitenständigen) angeordnet sind. All diese Borsten sind in ihren Taschen so gut verborgen, daß wir sie nicht sehen können. Von ihrem Vorhandensein können wir uns aber dadurch überzeugen, daß wir einen Regenwurm mit dem Hinterende voran langsam zwischen Daumen und Zeigefinger hindurchziehen. Bei dieser Prozedur fährt das bedrängte Tier seine Borsten so weit aus, daß wir einen deutlichen Widerstand spüren.
Die Borsten können aber nicht nur ausgefahren, sondern durch entsprechende Muskeln auch nach allen Richtungen bewegt werden. Sie dienen dem Wurm sowohl zur Fortbewegung als auch zur Verankerung. Bei der Fortbewegung streckt und verkürzt er in wechselnder Folge seinen Leib. Während der Verkürzungsphase fährt er die Borsten aus, so daß sie in die Gangwände eindringen und damit ein Rückwärtsgleiten verhindern.
Wer versucht, einen Regenwurm aus der Röhre zu ziehen, wird staunen, wie gut er sich mit Hilfe der Borsten in seiner Behausung festhalten kann. In der Regel läßt er sich eher in Stücke reißen, als daß er seine Verankerung löst.

Das fehlende Hinterteil kann ergänzt werden

Apropos «In-Stücke-reißen»: Die Regenwürmer haben – wie die meisten nieder organisierten Tiere – ein außerordentlich großes Regenerationsvermögen. Beim entzweigerissenen Wurm ergänzt das Vorderteil stets das fehlende Hinterende, wogegen das Hinterteil meist zugrunde geht. Nur wenn ganz wenige vordere Segmente fehlen, kann sich auch das Hinterteil regenerieren.
Wie fest der Regenwurm mit seiner Behausung verbunden ist, können wir übrigens auch erfahren, wenn wir eine Amsel bei der Wurmjagd beobachten. Selbst dem prädestinierten Wurmjäger gelingt es nämlich höchst selten, seine Beute unversehrt aus dem Unterschlupf zu zerren.
Die vom Regenwurm gegrabene Röhre beziehungsweise die ihn umgebende Erde ist offensichtlich seine zweite Haut; sie gehört zu ihm wie die Kalkschale zur Weinbergschnecke.

Bei Regen fährt er aus der Haut

Außer dem Hunger und dem Fortpflanzungstrieb gibt es meines Wissens nur noch *ein* Naturereignis, das den Regenwurm zwingt, aus seiner «zweiten Haut» zu fahren, und das ist ... anhaltender Regen. Wenn sich bei starken Regengüssen seine Gänge mit Wasser füllen, kommt er oft massenweise zum

◁ Die sogenannten «Wurmhäufchen» sind nicht (wie oft angenommen wird) vom Wurm ausgestoßene Erde, sondern seine Exkremente. Der Regenwurmkot ist reich an Stoffen, die das Pflanzenwachstum fördern.
Im Vordergrund sehen wir einen Eichenkeimling. Die Eichen gehören zu den *Zwei*keimblättrigen. Das abgebildete Exemplar hält sich offensichtlich nicht an die Regel. Bei ihm weist der Keimling *drei* Samenlappen auf.

Vorschein, daher auch seine Bezeichnung als «Regenwurm». Doch bei seiner Flucht nach oben gerät das arme Tier buchstäblich «vom Regen in die Traufe»; es ertrinkt dann zwar nicht, doch stirbt es den Lichttot. Die ultra-violetten Strahlen des Sonnenlichtes zersetzen in kürzester Zeit sein Blut.

170 Arten

Insgesamt soll es etwa 170 verschiedene Regenwurmarten geben. Von ihnen kommen bei uns rund drei Dutzend vor. In der gemäßigten Zone am weitesten verbreitet und am besten bekannt ist der Gemeine Regenwurm *(Lumbricus terrestris)*. Er wird bis zu 30 cm lang. Sein Leib ist – und damit kommen wir zur dritten für die Regenwürmer kennzeichnenden Eigenschaft – in eine große Zahl hintereinander liegender Ringel (Segmente) gegliedert. Beim Gemeinen Regenwurm schwankt die Zahl der Ringel zwischen 110 und 180. Die Gliederung des Körpers in einzelne, einander weitgehend gleichartige Segmente haben die Ringelwürmer mit den Gliederfüßern gemein, weshalb man die beiden Stämme zu der Stammgruppe der Gliedertiere zusammengefaßt hat.
Nach diesem kurzen Blick auf das Vorkommen der Regenwürmer, ihren Körperbau, ihre Körperfunktion und Stellung im Natürlichen System, wollen wir uns der Frage zuwenden, welche Rolle diesen Tieren im Gesamthaushalt der Natur zukommt.

Charles Darwin (1809–1882), der durch seine Theorie über die Entstehung der Arten berühmt gewordene englische Biologe, war einer der ersten, die sich eingehend mit diesem Thema befaßt haben. Schon er hat die große Bedeutung der Regenwürmer für die Fruchtbarkeit des Bodens erkannt. Seine diesbezüglichen Forschungsergebnisse hat er in einem Buch mit dem Titel «Die Bildung von Humus durch die Tätigkeit von Würmern, mit Beobachtungen ihrer Gewohnheiten» veröffentlicht. Alle späteren Untersuchungen haben Darwins Erkenntnisse weitgehend bestätigt.
In den Fußstapfen Darwins und seiner Nachfolger wollen wir nun selbst der «Tätigkeit» und den «Gewohnheiten» der Regenwürmer nachgehen.

Der kleine Landwirt

In gesunder Erde werden wir bei jedem Spatenstich eine große Zahl von Würmern entdecken. Bis zu einer Tiefe von zwei Metern und mehr durchziehen sie den Boden mit einem dichten Netz von Gängen. Im Gegensatz zum Maulwurf, der die in seinem Bau losgescharrte Erde in den bekannten «Maulwurfshügeln» auswirft, fressen sich die Regenwürmer buchstäblich durch den Boden. Sie verzehren also nicht nur – wie meist angenommen – verrottete Pflanzen- und verwesende Tiersubstanz, sondern auch mineralische Feinstteilchen. In ihrem Magen vermischen sie das aufgenommene Gut und durchsetzen es mit Verdauungssekreten. Anschließend schieben sie den Nahrungsbrei langsam durch den Darm. Was nach der Verdauung übrig bleibt, das scheiden sie in kleinen Häuflein an der Erdoberfläche aus. Die außen oft glänzend-glatten, aus ineinander verschlungenen Würstchen bestehenden «Wurmhäuflein», denen wir in einer gesunden Landschaft sozusagen auf Schritt und Tritt begegnen, sind also nicht vom Wurm ausgestoßene Erde, sondern seine Exkremente.

Chemische Analysen haben ergeben, daß der Regenwurmkot elfmal soviel Kalium, siebenmal soviel Phosphor, fünfmal soviel Stickstoff, zweieinhalbmal soviel Magnesium und doppelt soviel Kalk wie der umgebende Erdboden enthält. Es sind dies durchwegs Stoffe, die das Wachstum der Pflanzen fördern.

Nicht all seine Exkremente setzt der Regenwurm an der Erdoberfläche ab. Mit einem Teil von ihnen kleidet er die Gänge aus. Dringt nun eine Pflanze mit ihren Saugwurzeln in die Wurmgänge ein, – was oft geschieht – so findet sie dort also optimale Wachstumsbedingungen.

In der Literatur wird von einem Bauern berichtet, der im letzten Weltkrieg jeden Morgen die auf seinem gepflasterten Hof während der Nacht angefallenen Wurmhäuflein sorgfältig zusammengewischt und in seinem Gemüsegarten ausgestreut hat. Nach dem Grund dieser Handlung befragt, hat der weise Mann geantwortet: «Der liebe Gott weiß, wie man gute Erde macht, und das Rezept dazu hat er nur dem Regenwurm verraten.»

Während der Nacht ziehen die Regenwürmer auch fortlaufend auf dem Boden liegende freßbare Stoffe in ihre Gänge. Das können wir besonders gut nach dem Laubfall im Herbst beobachten. Nicht selten kommt es vor, daß an einem Herbstmorgen unter Bäumen und Sträuchern dutzende von abgeworfenen Blättern mit dem Stiel nach oben im Boden stecken: Die Regenwürmer haben sich vom «goldenen Überfluß des Herbstes» einen Nahrungsvorrat angelegt. Wenn wir solch ein verstecktes Blatt sorgfältig aus dem Boden ziehen, können wir mit etwas Glück den Hamster sehen. Sorgfalt ist hier deshalb geboten, weil die Regenwürmer schon auf geringe Bodenerschütterungen mit Flucht in die Tiefe reagieren.

Um gesund zu bleiben, muß ein Regenwurm innerhalb von 24 Stunden sein Eigengewicht an Nahrung zu sich nehmen. Wissenschaftler haben ausgerechnet, daß 10 000 Regenwürmer 90 bis 100 kg wiegen, folglich jeden Tag 90 bis 100 kg Nahrung verzehren und diese zum großen Teil auf die geschilderte Weise in fruchtbare Erde umwandeln.

In seinem Buch «Das Tierleben der Alpen» schildert C. A. W. Guggisberg folgenden Versuch: «Ein Forscher brachte zwei Würmer in ein mit Sand gefülltes Gefäß. Auf den Sand legte er einige Blätter, deren sich die Würmer alsbald bemächtigten, und nach sechs Wochen war eine gleichmäßig einen Zentimeter dicke Sandschicht in Humus umgewandelt.»

Zusammenfassend können wir sagen: Mit ihrem dichten Netz von Gängen duchlüften und lockern die Regenwürmer den Erdboden. Durch ihre Ernährungsweise tragen sie in hohem Maße zur Bildung von Humus bei. Was sie in tiefen Schichten aufnehmen, das scheiden sie größtenteils an der Erdoberfläche als Kot aus. Auf diese Weise heben sie laufend die vom Regenwasser ausgeschwemmten und mit ihm versickerten Nährstoffe in den Bereich der Pflanzenwurzeln empor und führen damit das «verlorene» Gut einem neuen Kreislauf zu.

Nachdem wir das vom lieben Gott den Regenwürmern anvertraute Rezept für die Zubereitung guter Erde kennengelernt haben, werden wir wohl Darwin zustimmen, wenn er auf Grund seiner langjährigen Studien zum Schluß kommt: «Man kann wohl bezweifeln, ob es noch andere Tiere gibt, die eine so bedeutungsvolle Rolle in der Geschichte der Erde gespielt haben wie diese niedrig organisierten Geschöpfe!»

Wir müssen sie pflegen!

Das Wissen um diese Rolle verpflichtet uns, die Regenwürmer zu hegen und zu pflegen. Sie also nicht – wie das heute leider oft geschieht – mit naturfremdem Kunstdünger und giftigen Pflanzenschutzmitteln zu vertreiben oder gar zu vernichten. Es gilt, diesen niedrig organisierten, jedoch hoch bedeutsamen Geschöpfen ein Milieu zu bereiten, in dem sie leben und ihre Mission ungehindert erfüllen können. «Wo Böden etwas zu sauer sind, hilft eine Gabe gemahlener Kalkstein, Kalkmergel oder Löschkalk. Gebrannter Kalk (Ätzkalk) ebenso wie Kunstdünger verbrennen die Haut dieses hilfreichen Tieres. Wo wenig Ton vorhanden ist, kann man trockenen Ton zermahlen und dann auf den Boden oder in den Kompost stäuben. Ein Baldriantee *(Valeriana officinalis)* oder das biologisch-dynamische Baldrianpräparat, über die Beete oder Komposte gesprüht, regt die Würmer ebenso an wie eine Streu (Bodenbedeckung) aus Hollunderblättern, Geißblatt, Schneeball, Erle, Ulme, Linde, Vogelbeere, Pappel, Weide, Sanddorn, Haselnuß oder Weißdorn. Der Anbau von Lupine als Gründüngung und auch die Gegenwart von Löwenzahn wirken sich besonders gut für die Regenwürmer aus.» (Wolf-Dieter Storl, in: Der Garten als Mikrokosmos).

Am Anfang meines «Plädoyers» habe ich die Regenwürmer den Schmetterlingen gegenübergestellt, um zu zeigen, wie grundverschieden unsere spontanen Gefühlsbeziehungen zu diesen Antipoden sind. Mit beiden sind wir durch die Brücken elementarer Seelenregungen verbunden: Die Schmetterlinge sind uns auf Anhieb sympathisch, die Regenwürmer unsympathisch.

Wunder der Metamorphose

Hermann Poppelbaum stellt einen ähnlichen Vergleich an. Ihm geht es dabei allerdings nicht um das Aufzeigen unserer spontanen Gefühlsbeziehungen, sondern um die «Tier-Wesenskunde» (so lautet der Titel seines betreffenden Buches). Zunächst vergleicht Poppelbaum die Entwicklungsstadien verschiedener Insekten (Tagfalter, Nachtfalter, Käfer, Heuschrekken etc.) mit denjenigen einer Blütenpflanze. In bezug auf die Tagfalter stellt er fest, daß ihr Gestaltwandel mit dem der Blütenpflanze in auffallender Weise Schritt hält. Die Stufenfolge bei Blütenpflanze *und* Schmetterling «durchläuft die Elemente in einem Zyklus: sie reicht vom Festen und Feuchten ins Licht- und Wärmehafte und kehrt wieder zu den unteren Elementen zurück. *Da die Pflanze als sichtbarer Ausdruck der übereinanderliegenden Regionen stehen bleibt, kann man sie gleichsam als Skala der Regionen und Formen benutzen.* Man kann auch die Metamorphosen der weniger vollkommenen Insekten an dieser ‹qualitativen Skala› messen und beurteilen.» Bei diesem Messen zeigt sich, «wie der Bildekreis, den ein Insekt durchläuft, die Elementengebiete (Existenzniveaus) bildartig charakterisiert. *Jedes Stadium sucht die ihm entsprechende Kräftewelt auf und stellt ihren Ausdruck vors äußere Auge.*» Die Bewohner der Wurzelregion «haben ein anderes Gepräge als die der oberen Region. Man könnte sie nach unten versetzten Raupen vergleichen: die meisten sind gleichmäßig gegliedert, mit gering entwickelten oder gar fehlenden Füßen, spärlichen Sinnesorganen und unscheinbarer oder wenigstens einheitlicher Färbung. Ihre Nahrung bilden entweder Wurzeln oder zerfallende Pflanzenreste oder endlich die Erde selbst.»

Beim Vergleich von Insekt und Wurm kommt Poppelbaum zu folgender Erkenntnis: *«Die Insekten erscheinen als die der Wurmregion entstiegene höhere Gestaltenwelt, als die Blüte der Wurmvegetation. Die echten Würmer aber erscheinen als ein Reich, das seine Höhergestaltung, seine Imagines, aufgeopfert hat.* Der im Boden metamorphosenlos lebende Regenwurm ist das Ende dieser eigenartigen, vom Geheimnis des Verzichts umwobenen Reihe.»

Wohin – so wollen wir uns zum Schluß fragen – geht die beim «metamorphosenlos» im Boden lebenden Regenwurm unterdrückte, «aufgeopferte» Gestaltungskraft? Antwort: Sie wirkt in des Wurmes Umwelt, belebt den Boden und läßt die Pflanzen wachsen. Zur Umwelt des Wurmes gehören auch seine Zehrer, vor allem die Amsel und deren Verwandte. Auch in ihnen werden die unausgelebten, aufgestauten Gestaltungskräfte des einverleibten Nährers entbunden. Bildhaft gesprochen: Im Amselchor singt der Regenwurm hinter den Kulissen mit.

Die Kupferglucke – das wandelnde Blatt

Die Farbenpracht der Schmetterlinge und das Wunder ihrer Metamorphose haben den Menschen – jung und alt – von jeher fasziniert. Zu Beginn unseres Jahrhunderts war die Schmetterlingskunde (das Schmetterlingsammeln) gar eines der meistgerittenen Steckenpferde. Zweifellos ist durch die vielen Liebhaber das Wissen um die vermeintlichen «Molkediebe» wesentlich gefördert worden. Doch steht auch fest, daß sich mancher «Liebhaber» als dessen Gegenteil erwiesen hat. Denn was er vorgab lieb zu haben, ist in Tat und Wahrheit durch ihn geschädigt worden: Tausende von Tag- und Nachtfaltern sind der bloßen Sammelleidenschaft von Amateuren zum Opfer gefallen. Leidenschaft ist ein schlechter Ratgeber; sie führt zur Anwendung von Gewalt. Mit Gewalt aber lassen sich die Türen zu den Schatzkammern der Natur nicht öffnen. «Der Welt Schlüssel heißt Demut. Ohne ihn ist alles Klopfen, Horchen, Spähen umsonst.» Diese Erkenntnis Christian Morgensterns gilt in bezug auf alles Lebendige. Sie soll uns denn auch Leitsatz sein, wenn wir nun versuchen, die fremde Welt der Kupferglucke *(Gastropacha quercifolia)* zu betreten und zu erforschen. Die Kupferglucke gehört zur Familie der Wollraupenspinner oder Glucken. Mit mehr als tausend Arten sind diese Nachtfalter über die ganze Erde verbreitet. Die Bezeichnung «Glucke» ist darauf zurückzuführen, daß ein Teil der Familienangehörigen beim Ruhen die Flügel – einer brütenden Henne gleich – dachförmig ausbreitet.

△
Kupferglucke *(Gastropacha quercifolia)*
Größe: Flügelspannweite bis 10 cm.
Vorkommen: Der Falter fliegt von Juli bis August in Auenwäldern und Parklandschaften.
Besonderes: Die Kupferglucke gilt als Nachahmer eines dürren Laubblattes und wird oft mit dem berühmtesten «Blattmimen», dem Blattfalter *(Kallima inachus)*, verglichen (Skizze S. 35).

Vorgetäuschte Ähnlichkeit?

Unter den Fachgelehrten gilt die Kupferglucke als das Musterbeispiel für eine Blattmimese. Mit «Mimese», dem griechischen Wort für Nachahmung, bezeichnet der Biologe die von manchen Tieren zu ihrem Schutze vorgetäuschte Ähnlichkeit mit fremden Gestalten. So soll denn *Gastropacha quercifolia* – wie der wissenschaftliche Artname besagt (*quercus* = Eiche, *folium* = Blatt) – ein Eichenblatt nachahmen und dadurch vor den insektenfressenden Vögeln geschützt sein.
Sehen wir uns die Blattgestalt der Kupferglucke etwas genauer an: Die Grundfarbe dieses stattlichen Falters ist ein rötliches Braun. Auffallend sind die Haltung und die Form seiner Flügel.

◁ Die Eier der Kupferglucke sind verhältnismäßig groß und an ihren hellgrünen Ringen leicht zu erkennen.

In der Ruhestellung werden die Hinterflügel teilweise unter den dachförmig gehaltenen Vorderflügeln hervorgestreckt, so daß beide zusammen – von der Seite betrachtet – einem dürren Laubblatt täuschend ähnlich sind. Durch die wellenförmig geschwungenen Flügelränder wird die Blattähnlichkeit noch erhöht. Schließlich «ahmen» die außerordentlich langen, schwarzblau gefärbten und nach vorne gestreckten Taster den Blattstiel «nach». Die Länge des «wandelnden Blattes» beträgt fünf bis sechs Zentimeter.

Was wäre die trefflichste Blattgestalt, wenn sich ihr «Träger» nicht auch wie ein Blatt verhielte? So unglaublich es klingen mag, die Kupferglucke gleicht nicht nur einem Blatt, sondern sie verhält sich auch wie ein solches. Folgender Versuch soll uns dies zeigen: Wir setzen das Gluckenweibchen an einen schräg stehenden Buchenast. Sofort gleitet das plumpe Insekt auf die der Erde zugekehrte Seite des Astes und klettert an ihr so lange empor, bis es mit den vorgestreckten Tastern am nächsten Seitenzweig anstößt. Das «Blatt» kommt also nicht eher zur Ruhe, als bis es mit seinem «Stiel» den Zweig berührt. Mehrfache Wiederholungen dieses Versuches liefern stets genau das gleiche Resultat. Offensichtlich gehören Blattgestalt und Blattverhalten zusammen; nur im Miteinander haben sie einen Sinn.

Anpassung oder Selbstdarstellung?

Wo der Biologe von Mimese spricht, stützt er sich in der Regel auf Darwins Selektionstheorie. Geben wir dem Biologen selbst das Wort: «Darwin ging davon aus, daß die Nachkommen eines Elternpaares in allen Richtungen kleinste Variationen aufweisen, die sich von den Eltern in allerhand Einzelheiten – trotz der Artgleichheit – unterscheiden. Die Erbforschung der letzten 50 Jahre hat gezeigt, daß viele Varianten erblich sind und damit, wenn sie im Selektionsprozeß erhalten bleiben, Ausgangspunkt neuer Lebensformen werden können. Diese erblichen Varianten nennen wir Mutationen.

Die Grundannahme ist nun die, daß die Mutationen hinsichtlich ihres Erhaltungswertes indifferent, also nicht etwa auf bestimmte Ziele hin orientiert sind, daß sie nicht als ‹Anpassungen› entstehen. Ob sie nützen oder schaden, darüber entscheidet das Leben selber. Die Einflüsse der Umgebung, die vielerlei Feinde merzen die einen Varianten aus, andere lassen sie bestehen. Die natürliche Selektion, wie man die Gesamtheit dieser Wirkungen nennen kann, bestimmt über Erhaltung und Vernichtung.

Nach dieser Auffassung sind also auch alle die erstaunlichen Schutztrachten und Mimikry-Erscheinungen nicht im Hinblick auf solche Wirkungen geschaffen worden, sondern sie sind das Ergebnis ungezählter zufälliger Varianten, unter denen im Laufe von Jahrmillionen die Selektionsprozesse unablässig ausgewählt haben. Wenn diese getarnten Gestalten ... heute wie ‹für ein

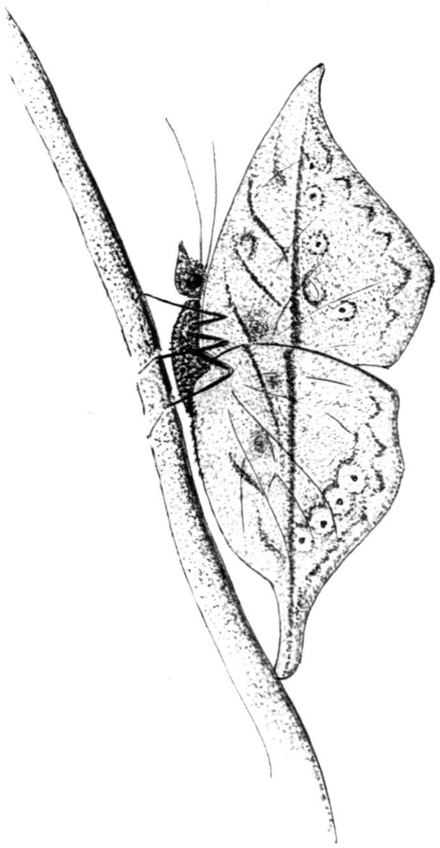

◁ Der Blattfalter *(Kallima inachus)* ist das berühmteste Beispiel einer Nachahmung fremder Naturobjekte. Die Unterseiten seiner Flügel sind gezeichnet und gefärbt wie ein trockenes Blatt, einschließlich der Schimmel- und Rostflecken. Besonders merkwürdig ist es, daß die «Mittelrippe des Blattes» von zwei verschiedenen Elementen des Grundplanes gebildet wird. In der Ruhestellung berührt das «Blatt» mit seinem «Stiel» den Zweig!

Auge geschaffen› erscheinen, so rührt das davon her, daß eben Augen während Jahrmillionen als auslesende Faktoren am Werke waren und so diese erstaunlichen optischen Gestaltungen ermöglicht haben.»

Mit diesen Worten gibt Adolf Portmann die heute wohl am weitesten verbreitete Ansicht über dieses heikle Problem wieder. Portmann selbst, der sich eingehend mit den Fragen tierlicher Gestalt befaßt hat, sieht den Sachverhalt allerdings etwas anders: «Der Nachweis einer Selektionswirkung durch anschauende Augen, seien es die von Artgenossen oder von Feinden, vermag die Erhaltung gewisser Strukturen oder die Ausmerzung von anderen zu erklären, nicht aber das erste Auftreten von Bildungen, die den ‹eigentlichen Erscheinungen› angehören. Darum ist es so wichtig, den Reichtum dieser Strukturen auf niederen Lebensstufen und in Situationen zu beachten, wo die Auslese durch Augen gar keine Rolle spielt. Die Perspektive, in der die Reichtümer der tierischen und pflanzlichen Gebilde sich zeigen, wenn einmal der Wechsel des Standortes vollzogen ist, ändert vieles im gewohnten Naturbild unserer Zeit. Dieser Wechsel der Perspektive ist Voraussetzung für eine vollere Auffassung vom Gesamten des Organismus.»

Bedingung für jegliche Anpassung ist – wie wir gesehen haben – eine große Summe von zufälligen lebensfördernden Mutationen. Die Erfahrung mit künstlich erzeugten Erbgutänderungen hat nun aber gezeigt, daß die meisten negativ ausfallen, das heißt lebenswidrig sind. Ähnlich dürfte es sich mit den natürlichen Mutationen verhalten. Wenn also schon ein einziger Treffer außerordentlich selten erzielt wird, so kann man sich leicht ausmalen, wie vieler ungezielter Schüsse es zur Erreichung eines positiven Resultates vom Ausmaß der Blattmimese unserer Kupferglucke bedarf. Gleichzeitig und in gleicher Richtung müssen sich da unzählige Merkmale der Gestalt und des Verhaltens ändern. Verlaufen all diese Erbgutänderungen nicht gleichzeitig und parallel, so sind sie indifferent oder gar schädlich. Mit der Forderung nach Gleichzeitigkeit und Parallelität einer großen Zahl von positiven Mutationen steigt aber die Summe der erforderlichen ungezielten Schüsse ins Unermeßliche. Die Wahrscheinlichkeitsrechnung hat die Unwahrscheinlichkeit der Selektionstheorie erwiesen.

Die Selektionstheorie ist in Frage gestellt und mit ihr die «Tarntracht». Was aber bestehen bleibt, ist die Blattähnlichkeit der Kupferglucke. Es gilt also, einen anderen Weg zum Verständnis dieses eigenartigen Phänomens zu finden. Machen wir uns frei vom Vorurteil, und lassen wir allein die Tatsachen sprechen.

Die Erscheinungen sprechen lassen

Tatsache ist die Blattähnlichkeit der Kupferglucke. Tatsache ist ferner, daß sich der Schmetterling in all seinen Entwicklungsphasen an den Werdegang der Blütenpflanze «anlehnt». Zwi-

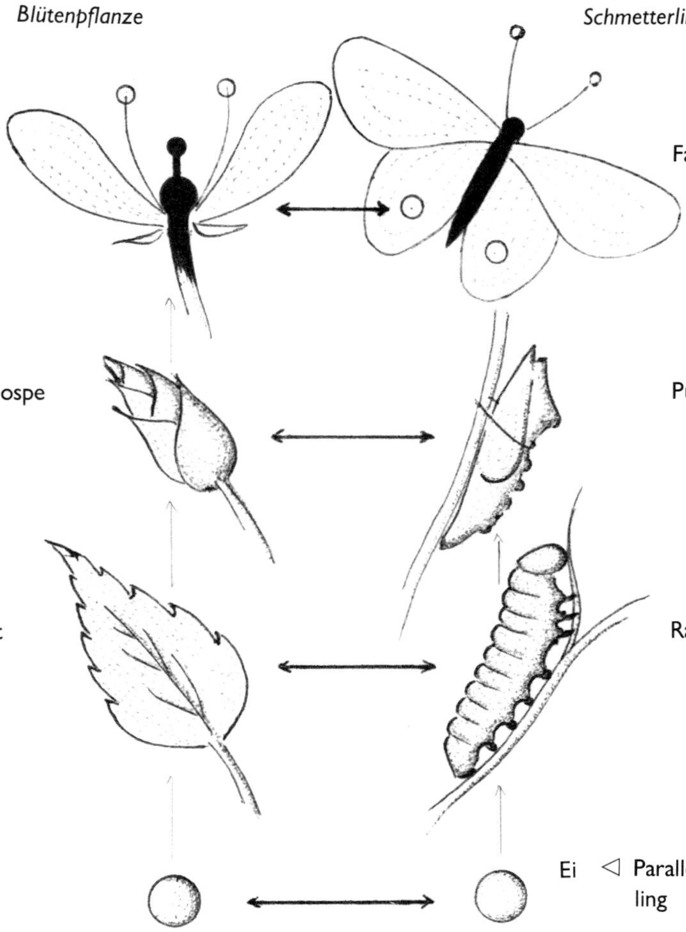

◁ Parallelen bei der Metamorphose von Blütenpflanze und Schmetterling

schen Raupe und Blatt, Puppe und Blütenknospe, Falter und Blüte, lassen sich weitgehende Parallelen finden:
Raupe und Blatt sind Phasen der Ausdehnung, Stadien des Wachstums. Wie sich bei der Raupe Segment an Segment reiht, so türmt sich am Pflanzenstengel Blatt auf Blatt. Wo sich in rhythmischer Folge Gleiches zu Gleichem gesellt, da herrscht große Vitalität, aber auch niedrige Organisation, was sowohl auf die Raupe als auch auf das Blatt zutrifft.
In Puppe und Knospe schrumpft die Gestalt, das Wachstum erlahmt und die rhythmischen Prozesse verebben. Altes vergeht; Neues entsteht.
Was den engen Hüllen von Puppe und Knospe entsteigt, das weitet sich wieder, doch nun nicht mehr in wässerig-plumpen Formen, sondern in luftig-gegliederten. Falter und Blüte haben die Merkmale niedriger Organisation weitgehend abgestreift. Die Reifegestalt weist hier wie dort deutliche Schwerpunkte auf. Aus dem Über- beziehungsweise Hintereinander «gleichwertiger» Glieder ist ein Beieinander differenzierter Organe geworden.

Tag- und Nachtfalter

Bisher war vom Schmetterling im allgemeinen die Rede. Nun müssen wir aber zwischen den Tag- und den Nachtfaltern unterscheiden. Denn nur die Tagfalter erreichen das Blütenniveau. Die Nachtfalter, also auch die Kupferglucke, können sich jedoch kaum über die Stufe von Laubblatt und Stengel erheben. Davon künden ihre blattähnlichen Flügel, der stark segmentierte, an einen knotigen Stengel erinnernde Hinterleib sowie die meist rindenartige Gesamtzeichnung.
Wie lassen sich die weitgehenden Übereinstimmungen zwischen Schmetterling und Pflanze erklären? In seinem originellen Buch über die «Metamorphose im Insektenreich» kommt Andreas Suchantke zu folgender Einsicht: «Wollten wir ... das Insekt etwas überspitzt charakterisieren, so könnten wir es ‹innen als Tier, außen als Pflanze› bezeichnen, wobei wir in den einzelnen Fällen auf das Überwiegen der einen oder der anderen Tendenz zu achten hätten, des Tier- oder des Pflanzenprinzips.» Mit dieser «etwas überspitzten», aber trefflichen Charakterisierung möchte Suchantke «zu einer vertieften Erkenntnis des Insektenwesens, zum Verständnis der außergewöhnlichen Plastizität dieser Tiergruppe, ihrer Offenheit für Bildungseinflüsse aus der Pflanzensphäre und der Lichtregion» hinführen.
In dieser Richtung geht ja auch unser Bemühen. Wir versuchen zu verstehen, wie sich die Kupferglucke «innen als Tier, außen als Pflanze» gebärden kann. «Außen» ist bei den Schmetterlingen gleichzusetzen mit «Flügel». Denn die Flügel sind es vor allem, die für «Bildungseinflüsse aus der Pflanzensphäre und der Lichtregion» empfänglich sind.
Wahrlich, das «wandelnde Blatt» unserer Gärten und Wälder steht den berühmten Blattmimen aus fernen Landen nicht nach.

△

Lindenschwärmer *(Mimas tilia)*
Größe: Flügelspannweite 7–8 cm.
Vorkommen: Der Falter fliegt von Mai bis Juni in Wäldern, Park- und Gartenlandschaften.
Besonderes: siehe unter «Kl. Ampferfeuerfalter».

△

Kleiner Ampferfeuerfalter *(Palaeochrysophanus hippothoe)*
Größe: Flügelspannweite 3–4 cm.
Vorkommen: Der Falter fliegt von Mai bis Juli meist auf feuchten Wiesen, vom Tiefland bis ins Gebirge.
Besonderes: Die Gegenüberstellung von Lindenschwärmer und Kl. Ampferfeuerfalter soll uns den Unterschied zwischen den Nacht- und den Tagfaltern zeigen: Bei den Nachtfaltern sind die Flügel meist blattartig geformt, rindenartig gezeichnet und düster gefärbt. Im Gegensatz hierzu haben die Tagfalter meist blütenartige Schwingen, d. h. solche, die uns in Form und Farbe an bunte Blüten erinnern.

Früher oder später wird es in die Biologiebücher und mit diesen in die Schulstuben einziehen. Dann wird wichtig sein, ob wir die seltsame Erscheinung in mechanistisch-materialistischer Weise zu deuten versuchen, oder ob wir uns um ein Denken bemühen, das dem Leben und seinen besonderen Gesetzmäßigkeiten Rechnung trägt.

Der Birkenblattroller

△

Birkenblattroller *(Deporaus betulae)*
Größe: 5 mm.
Vorkommen: Wälder und Gärten.
Besonderes: Das Weibchen schneidet und rollt die Blätter von Birke und Grünerle zu Brutzellen für seine Nachkommen.

Die Beziehungen zwischen Pflanze und Tier sind ein Thema mit vielen Variationen. Eine dieser Variationen, eine recht häufige, aber wenig beachtete, leben die Erle und der Birkenblattroller *(Deporaus betulae)* dar. Sehen wir uns dieses seltsame Duo etwas näher an:
Es ist ein schöner Julimorgen. Auf den sonnenbeschienenen Blättern eines Grünerlenstrauches tummeln sich allerlei Insekten, unter ihnen Deporaus betulae, der Birkenblattroller. Auf ihn haben wir es abgesehen; ihn wollen wir bei seiner Brutfürsorge belauschen.

Das Blatt als Kinderstube

Sobald die ersten Sonnenstrahlen auf den Strauch fallen, beginnt das kaum 5 mm lange, mattschwarze Käferweibchen Blatt um Blatt in Kinderstuben für seine Nachkommen umzuwandeln. Nach arteigenem Muster schneidet es das Erlenblatt vom rechten Rand her ein. Als Schneidewerkzeug dienen ihm die scharfen Kieferzangen, die ganz vorne am rüsselartig gestalteten, leicht abwärts gebogenen Kopf sitzen.
Zur besseren Verständigung über das, was hier geschieht, wollen wir in Gedanken das Zifferblatt einer Uhr auf die Spreite des Erlenblattes projizieren, und zwar so, daß sich der Blattgrund mit 12 Uhr, und die Blattspitze mit 6 Uhr deckt.
Am rechten Blattrand, etwa bei 2 Uhr, setzt der Roller seine Schere an. In Form eines schön geschwungenen, leicht nach vorne geneigten S führt er den Schnitt durch die rechte Blatthälfte bis zur Mittelrippe. Diese wird nicht durchtrennt, sondern lediglich leicht eingekerbt. Jenseits der Mittelrippe führt der Schnitt in einem flachen U- oder S-Bogen aufwärts. Bei 10 Uhr erreicht er den linken Blattrand.
Das Schnittmuster liegt weitgehend fest, doch kann es seitenverkehrt geschnitten werden. Das Käferweibchen kann also sein Werk sowohl vom rechten als auch vom linken Blattrand her beginnen. Auch kann es, wenn es – etwa durch einen Wetterumsturz – unterbrochen wird, die Arbeit an der richtigen Stelle wieder aufnehmen und fehlerfrei zu Ende führen.
Von den Mathematikern sind zwischen der Form des Blattrandes und dem Verlauf der S-förmigen Schnittkurve ganz be-

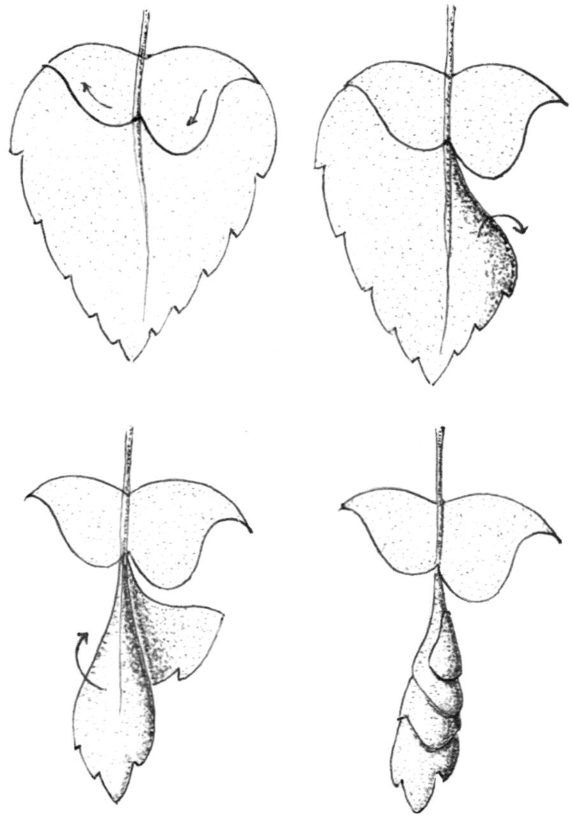

Die Entstehung einer Blattrolle: ▷
1. Schnittführung, Beginn am rechten Blattrand. Bei der auf dem Photo (Seite 38) abgebildeten Rolle hat der Käfer das Blatt vom linken Rand her eingeschnitten.
2. Erste Phase des Einrollens.
3. Zweite Phase des Einrollens.
4. Nahezu fertig erstellte Blattrolle.

stimmte geometrische Beziehungen festgestellt worden: Die Schnittlinie soll sich zum Blattrand verhalten wie eine Evolute zur Evolvente. Auch sind sich die einzelnen Schnitte des gleichen Weibchens so ähnlich, daß schon die Vermutung ausgesprochen worden ist, der Käfer messe vor dem Schneiden das Blatt durch Abschreiten aus. Wohl schreitet das «trächtige» Weibchen hin und wieder das Blatt ab, doch von Ausmessen kann keine Rede sein. Die regelmäßigen Schnittbilder entspringen nicht einer Berechnung, sondern einem unbewußten, angeborenen Können. Dem Schneider sind mit der Schere auch gleich die Schnittkunst und das Schnittmuster gegeben!

Ein Blatt wird aufgerollt!

Was auf das Schneiden folgt, ist schwer zu fassen, noch schwerer aber zu beschreiben. Wagen wir trotzdem den Versuch: Der Birkenblattroller begibt sich auf der Blattunterseite an den Anfang der S-förmigen Schnittkurve und beginnt, im Seitwärtsgang den unteren Blattabschnitt (Unterseite nach innen) bis zur Mittelrippe einzurollen. Die Mittelrippe stellt sich ihm als buchstäblich «unüberwindliches» Hindernis entgegen. So ist er denn gezwungen, die andere Hälfte des unteren Blattabschnittes in gegenläufiger Richtung um den soeben erstellten Innentrichter herumzuwickeln.

Wie aber werden die Trichter in sich gefestigt? Schon während

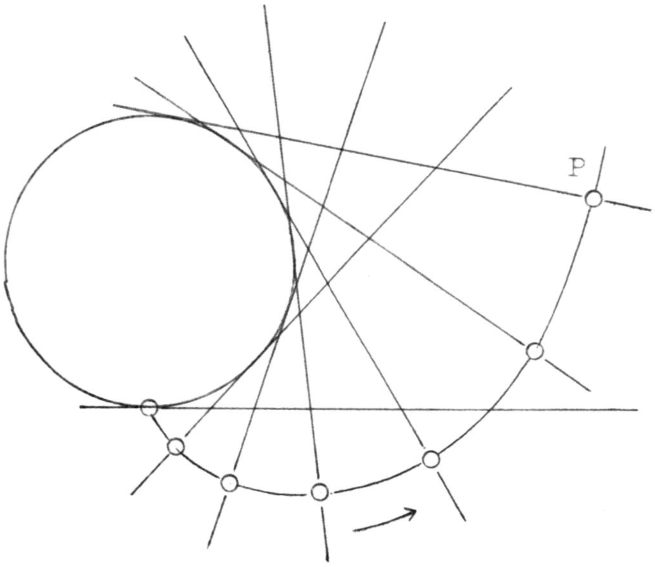

△
Evolute und Evolvente: Als *Evolvente* wird die Kurve bezeichnet, die von einem Punkt (P) einer Geraden beschrieben wird, welche auf einer gegebenen Kurve (hier einem Kreis) abrollt. Diese gegebene Kurve ist die *Evolute* einer ihrer Evolventen.

des Rollens «verbeißt» der rastlose Wanderer die Umgänge der Schnittkantenspirale fortlaufend miteinander. Von Zeit zu Zeit kriecht er gar in den Trichter hinein und «näht» nun von innen her die aufeinanderliegenden Blattschichten durch Stiche mit seinem rüsselförmig gestalteten Kopf zusammen.
Dem Schutz des fertigerstellten Kegeldaches vertraut der Roller bis zu einem halben Dutzend Eier an. Für jedes von ihnen erstellt er mit Hilfe seines Rüssels eine kleine Tasche unter der Blattkutikula. In einem letzten Akt klappt er die Blattspitze um und verschließt so den Bau. Schon nach kurzer Zeit schlüpfen aus den Eiern winzig kleine Larven, die sich in gewundenen Gängen durch das allmählich austrocknende Blattgewebe fressen. Schließlich bricht ein kräftiger Windstoß den dürren Wikkel ab und wirbelt ihn zu Boden. Unterdessen sind die Larven ausgewachsen. Sie verlassen das Blattgehäuse und verpuppen sich in der Erde. Die Puppe überwintert. Den ausgebildeten Käfer trifft man vom Frühjahr bis weit in den Sommer hinein. Am Blatt der Hasel und der Birke finden wir die gleichen Trichterwickel. Grünerle, Hasel und Birke sind miteinander nahe verwandt; alle drei gehören der Familie Birkengewächse an. Wer hat wohl dem kleinen Rüsselkäfer Unterricht in Pflanzensystematik erteilt?

△
Haselblattroller *(Apoderus coryli)*
Größe: 6–8 mm.
Vorkommen: Laubwälder, Park- und Gartenlandschaften.
Besonderes: Das Weibchen schneidet und rollt die Blätter verschiedener Laubhölzer zu Brutzellen für seine Nachkommen. Seine Blattwikkel sind jedoch nicht trichterförmig, sondern zylindrisch. Wir finden die zierlichen Bruttönnchen, in denen die Entwicklung vom Ei bis zur Imago stattfindet, an den Blättern verschiedener Laubhölzer, vor allem aber am Blatt der Hasel.

Bild links: Haselblattroller im Flug.

Tier und Pflanze begegnen sich

Am Erlenblatt begegnen sich zwei Welten: das Tier und die Pflanze, die zehrende «Hohlform» und die nährende «Vollform», der Hunger und die Nahrung. Das Tier müßte in seiner «Hohlform» verhungern, würde es nicht durch die «Vollform» der Pflanze genährt. Die Pflanze müßte in ihrer «Vollform» ersticken, würde sie nicht durch die «Hohlform» des Tieres verzehrt. In der Pflanzenbedürftigkeit des Tieres und in der Tierbedürftigkeit der Pflanze offenbart sich ein innerer Zusammenhang. Dieses unsichtbare Band ist es, das den kleinen Rüsselkäfer zu «seinem» Blatte führt und das den Blattwickel zur «Gebärmutter» der Käfernachkommen werden läßt.

Der Maiwurm – ein «Wurm» mit sechs Beinen

Im April und Mai, wenn Buschwindröschen und Scharbockskraut blühen, können wir an sonnigen Stellen des Laubwaldes einem unserer seltsamsten Käfer, dem Maiwurm *(Meloe violaceus)*, begegnen. Im Volksmund wird Meloe violaceus auch Blasen- oder Ölkäfer genannt. All diese volkstümlichen Bezeichnungen sind von den besonderen Eigenschaften des Vollinsektes hergeleitet. Ein Vergleich mit den allgemeinen Käfermerkmalen soll uns das Besondere des Maiwurmes zeigen. Hier zunächst das, was den Käfer zum Käfer macht: «Sieht man von den Strepsipteren ab, so müssen die Käfer ... als eine in zoologischer Hinsicht gut abgegrenzte und einheitliche Insektengruppe gelten, die durch eine Reihe von Merkmalen charakterisiert ist. Vor allem ein Merkmal verdient unsere Aufmerksamkeit, weil es wahrscheinlich die Ursache für den biologischen Erfolg der Gruppe als Ganzes darstellt. Das ist der Besitz von Flügeldecken (Elytren) ... Die Tatsache, daß die Käfer ihre Hinterflügel quer und längs falten, zurückschlagen und mit den oft sehr harten Vorderflügeln decken, eröffnete dieser Insektengruppe neue Möglichkeiten in der Konkurrenz mit anderen geflügelten Kerfen.» ... Die Käfer «machen eine vollständige Entwicklung durch: Aus dem Ei entwickelt sich eine Larve, die unter mehrmaliger Häutung bis zur vollen Größe heranwächst ... Oft sind die Larven weichhäutig und zart und stellen ein ausgezeichnetes Futter für Vögel, Reptilien und andere Insektenvertilger dar. Das ist auch der Grund dafür, daß die meisten Käferlarven ein sehr verstecktes Dasein führen.» (Urania Tierreich.)

Gegenüber diesen allgemeinen Käfermerkmalen weicht nun der Maiwurm in all seinen Entwicklungsstadien und in verschiedener Hinsicht stark ab. Betrachten wir zunächst die Gestalt und das Verhalten des Vollinsektes: Der ausgewachsene, stahlblaue Käfer wird bis zu 3 cm lang. In beiden Geschlechtern sind die Flügeldecken so kurz, daß sie kaum ein Drittel des walzenförmigen und deutlich segmentierten Hinterleibes bedecken. Vor allem bei den «trächtigen» Weibchen dominiert der entblößte, mit Eiern prall gefüllte Hinterleib so stark, daß die Bezeichnung «Maiwurm» durchaus gerechtfertigt ist. Die Länge des ausgewachsenen Käfers schwankt in weiten Grenzen. Immer aber sind die Weibchen wesentlich größer als die Männchen. Zudem unterscheiden sich die Geschlechter deutlich durch die Form ihrer Fühler. Während beim Weibchen die Fühlerglieder mehr oder weniger in einer Geraden liegen, weisen die Antennen des Männchens ein rechtwinkliges Knie auf. Das Antennenknie des «starken Geschlechtes» spielt – wie wir gleich sehen werden – beim Paarungsverhalten eine wichtige Rolle.

Maiwurm *(Meloe violaceus)* ▷
Größe: bis 3 cm.
Vorkommen: Mai, an Waldrändern und angrenzenden Wiesen.
Besonderes: In beiden Geschlechtern sind die Deckflügel so kurz, daß der Hinterleib zu zwei Dritteln frei liegt.

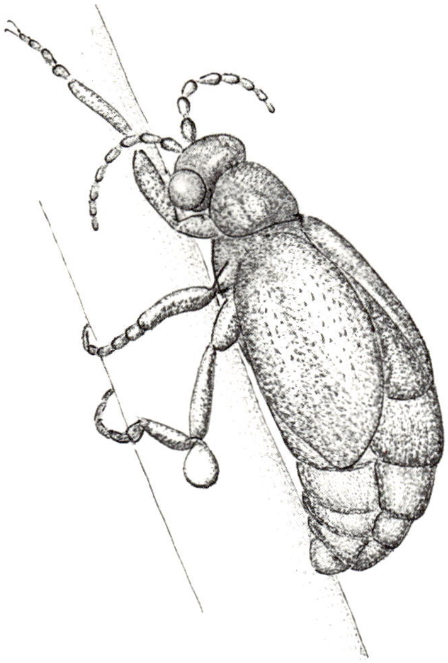

△

Bei massiven Störungen zieht sich der Maiwurm zusammen und sondert aus seinen Kniegelenken eine ölartige, auf der Haut des Menschen blasenbildende Körperflüssigkeit, das Cantharidin, ab. Auf diese Eigenschaft sind seine volkstümlichen Namen «Blasenkäfer» und «Ölkäfer» zurückzuführen. Bereits 30 mg des giftigen Cantharidins sind für den Menschen tödlich.

Blasen- oder Ölkäfer

Die Bezeichnung «Maiwurm» ist also vom Erscheinungsbild und von der Erscheinungszeit des Vollinsektes hergeleitet. Was aber haben wohl die beiden anderen volkstümlichen Namen, «Blasenkäfer» und «Ölkäfer», zu bedeuten? Beide weisen darauf hin, daß Meloe violaceus bei Berührung aus den Kniegelenken eine ölartige, auf der Haut des Menschen blasenziehende Körperflüssigkeit, das Cantharidin, absondert. Für den Menschen sind 30 mg dieses Giftes tödlich. Heute wird Cantharidin nur noch selten als blasenziehendes Mittel verwendet. Im Mittelalter aber war es sozusagen «offizinell»: «Das berüchtigte *Aqua tofana,* das im 17. Jahrhundert in Sizilien und Italien zur Ausführung von Giftmorden diente, soll Cantharidin enthalten haben. Da der gleiche Stoff auch als *Aphrodisiacum* bekannt war, mischte man ihn den Liebestränken bei.» (Urania Tierreich.) – Die Vermutung liegt nahe, daß das starke Gift dem Käfer einen guten Schutz vor Feinden gewähren würde. Weit gefehlt. Trotz seines cantharidinhaltigen Blutes und trotz seines widerlichen Geruches wird der Maiwurm von vielen Tieren (Lurchen, Reptilien, Vögeln und Säugern) ohne jeden Schaden gefressen.

Ein Vielfraß ist schwer zu erobern

Im April und Mai krabbelt also unser blasenziehender Ölkäfer durch Feld und Wald. Das Weibchen trifft man meist am Scharbockskraut. Sein Hinterleib ist durch die große Zahl heranreifender Eier (bis zu 4000 Stück) stark angeschwollen. Bei diesem enorm großen Nach- beziehungsweise Mitwuchs ist es kein Wunder, daß das Weibchen sozusagen pausenlos frißt, daß es selbst dann noch frißt, wenn sich ihm ein Männchen mit unverkennbar «ernsten Absichten» nähert. Ja, das geschlechtlich erregte Maiwurm-Männchen hat's nicht leicht. Schon das Aufreiten macht ihm sichtlich Mühe. Und kann es sich endlich im Sattel halten, so muß es den unentwegt fressenden Koloß erst noch zur Paarungsbereitschaft stimulieren. Mit rudernden Bewegungen seiner langen Antennen, abwechselnd links und rechts, angelt der Freier nach den Fühlern seiner Auserwählten. Jetzt sehen wir, daß das Knie in den Antennen des Männchens eine eindeutige Funktion hat. Die am Knie beteiligten Antennenglieder sind nämlich so gestaltet, daß sie zusammen eine Art Rohrzange bilden, mit deren Hilfe das Männchen die Fühler des Weibchens umfassen kann. Kein Zweifel, der innige Fühlerkontakt ist bei *Meloe violaceus* ein unerläßlicher Akt des Paarungsvorspieles. Nicht Nachlassen gewinnt: Auch das hungrigste Maiwurm-Weibchen hebt einmal den Kopf so hoch, daß das «Liebesrudern» des Männchens nicht mehr ins Leere trifft.

◁ ◁

Das Bild auf Seite 42 zeigt uns eine Szene aus dem Paarungsvorspiel des Maiwurmes: Das Männchen angelt mit seinen Antennen nach den Fühlern des Weibchens.

◁ Beim Männchen sind die Fühler deutlich gekniet. Die am Fühlerknie beteiligten Glieder bilden eine «Rohrzange», mit deren Hilfe sich der Bräutigam beim Paarungsvorspiel an den Antennen seiner Braut festhält.

Die Larven des Maiwurmes finden wir in kleinen Gruppen auf den Blüten von Scharbockskraut und Buschwindröschen.

▽

Blinde Passagiere

Zur Eiablage, die schubweise erfolgt, scharrt das Weibchen an sonnigen, trockenen Stellen mehrere ein bis zwei Zentimeter tiefe Gruben aus. Schon wenige Tage nach der Eiablage schlüpfen die Larven. Die rund 2 mm langen, mit sechs kräftigen Beinen ausgestatteten Triangulinen (so wird das erste Larvenstadium aufgrund seiner dreigliedrigen Fußklauen in der Wissenschaft genannt) durchstoßen den Erdboden, klettern an den umstehenden Pflanzen empor und nisten sich in deren Blüten ein. Sobald wir aber ihre Unterkunft erschüttern oder auch nur mit der Hand beschatten, gebärden sich die schwarzen Kobolde ganz aufgeregt. Erschütterung «bedeutet» für sie normalerweise Insektenbesuch. So gilt denn ihre Aufregung nicht uns, sondern dem vermeintlichen Insekt. Solitär lebende Bienenarten sind es, auf die sie in luftiger Höhe «warten». Instinktiv klammern sie sich im Pelz dieser Bienen fest und lassen sich als «blinde Passagiere» in des Einsiedlers Erdbau tragen. Unzählige Triangulinen warten allerdings vergeblich, oder, was noch häufiger vorkommt, klammern sich an ein «falsches» Insekt. Die wenigen aber, die ans «Ziel» gelangen, machen sich unverzüglich über das Ei und den Honigvorrat ihres Wirtes her. So kompliziert wie das Zusammentreffen mit dem passenden Insekt verläuft auch die weitere Entwicklung. Sie führt über ein engerlingartiges Stadium, eine Schein- und eine echte Puppenform zum Vollinsekt. In der Regel überwintert der Maiwurm im Stadium der Scheinpuppe.

Biologischer Erfolg?

Vom Käfertypus, wie ihn das «Urania Tierreich» schildert, weicht also Meloe violaceus in allen wesentlichen Punkten ab: Das Vollinsekt hat lediglich minimale Flügeldecken, und die Larve führt – jedenfalls im ersten Entwicklungsstadium – kein verstecktes Dasein. Dem Maiwurm fehlen somit ausgerechnet jene Eigenschaften, die den Käfern «neue Möglichkeiten in der Konkurrenz mit den anderen geflügelten Kerfen» eröffnet haben und die «wahrscheinlich die Ursache für den biologischen Erfolg der Gruppe als Ganzes» darstellen. Trotzdem hat Meloe violaceus den angeblichen Konkurrenzkampf erfolgreich bestanden. Ganz einfach: «Die genannten Mängel werden durch die große Eizahl wettgemacht», – so etwa wird man auf seiten der Neodarwinisten argumentieren. Ganz so einfach liegen die Dinge aber auch wieder nicht. Wenn wir schon den Konkurrenzkampf als wichtigste Triebfeder der Höherentwicklung betrachten wollen, so werden wir auch zugeben müssen, daß der tüchtigste Konkurrent eben der ist, der mit dem kleinsten Aufwand den größten Erfolg erzielt. Ein Aufwand von 4000 Eiern für durchschnittlich zwei überlebende Nachkommen, läuft diesem Prinzip aber deutlich zuwider. Im übrigen liegt hier ein klassischer Zirkelschluß vor. Was nämlich zu beweisen wäre (das Entstehen von Flügeldecken durch Mutation und Selektion), wird als gegeben vorausgesetzt und als wahrscheinliche «Ursache für den biologischen Erfolg» angeführt.

Ein funktionelles Ganzes

Heute, im Zeitalter der Ökologie, ringt sich langsam aber sicher die Erkenntnis durch, daß alle Lebewesen unseres Planeten auf Gedeih und Verderb mit- und ineinander verwoben sind. Produzenten, Konsumenten und Reduzenten bedingen sich gegenseitig und bilden zusammen mit ihrer Umwelt ein funktionelles Ganzes. «Selbst der Kampf ums Dasein – scheinbar die gnadenlose und lebensfeindliche Grundstimmung lebendiger Existenz – erweist sich als lebensdienliches Miteinander, selbst Raubtier und Beute erhalten sich letztlich gegenseitig am Leben. Doch lassen sich auch weite Bereiche des Lebens finden, in denen nicht Kampf herrscht, sondern fördernde Bezogenheit aufeinander in einem ökologischen Gleichgewicht, das sogar fremddienliche Zweckmäßigkeit kennt, also Solidarität der Geschöpfe weit außerhalb eines erkennbaren Eigennutzes» (Joachim Illies).

So ist auch unser Maiwurm nicht eigennützig um seinen biologischen Erfolg «bemüht», sondern als Nährer und Zehrer Glied einer Lebensgemeinschaft, die wir «Wald» nennen.

Vor dem Hintergrund des In- und Miteinanderverwobenseins aller Lebewesen sollten wir jedes Geschehen bei Pflanze und Tier betrachten. Nur so würden wir allmählich das zerstückelnde «Nützlichkeitsdenken» überwinden und die Realität der Ganzheit erfahren. Halten wir jedoch an den alten, auf dem Materialismus fußenden Denkgewohnheiten fest, so wird es uns ergehen wie Goethes Faust: «Wer will was Lebendiges erkennen und beschreiben, sucht erst den Geist herauszutreiben, dann hat er die Teile in seiner Hand, fehlt leider! nur das geistige Band.»

Der Totengräber – Gesundheitspolizist und Brutfürsorger

Wenn wir im Reich der Natur den Lauf der Stoffe verfolgen, so erfahren wir, «wie alles sich zum Ganzen webt, eins in dem andern wirkt und lebt» (Goethe): Die grüne Pflanze baut mit Hilfe des Sonnenlichtes aus toten Stoffen ihren lebendigen Leib auf; sie *produziert* organische Substanz. Das Tier ernährt sich, direkt oder indirekt, von der grünen Pflanze; es *konsumiert* organische Substanz. Bakterien und Pilze zersetzen die Leichen von Pflanze und Tier; sie *reduzieren* organische Substanz und geben damit den elementaren Stoff für einen neuen Kreislauf frei.

Kein Zweifel: Produzenten, Konsumenten und Reduzenten bedingen und ergänzen einander. Ein jeder von ihnen trägt mit seinen besonderen Eigenschaften zum Gelingen des Ganzen bei, hat aber auch – im Rahmen des Ganzen – am «Vermögen» der anderen teil. Einen kleinen Ausschnitt aus diesem großen Geschehen wollen wir jetzt näher betrachten. Der Totengräber *(Necrophorus vespillo)* und seine Umwelt sollen uns zeigen, wie «eins in dem andern wirkt und lebt».

Der Totengräber gehört zur Familie der Aaskäfer. Im weiblichen Geschlecht wird er rund 20 mm, im männlichen etwa 15 mm lang. Sein Feldkennzeichen sind die beiden orangegelben Querstreifen auf den schwarzen Deckflügeln. Charakteristisch für diesen Käfer ist auch, daß er deutlich vernehmbar zirpen kann. Auf der Suche nach dem Zirporgan entdecken wir auf der Oberseite des fünften Hinterleibsringes ein Feld von Querrillen und an der Spitze der «gestutzten» Deckflügel je

Totengräber *(Necrophorus vespillo)* ▷
Größe: bis 2 cm.
Vorkommen: Wälder, Gärten, Parkanlagen.
Besonderes: Das Käferpaar gräbt als Nahrung für seine Nachkommen die Leichen von verschiedenen Tieren (Lurchen, Vögeln und Kleinsäugern) ein. Als «Totengräber» trägt der Käfer zweifellos zur raschen Verwesung der Leichen bei. Doch sein ungewöhnliches Verhalten dient primär nicht der Hygiene des Waldes, sondern der Sorge für die eigene Brut.

△
Wenn das Männchen des Totengräbers vor dem Weibchen ans Aas gelangt, so klettert es an seinem Fund oder an einem benachbarten Gegenstand empor, streckt den Hinterleib in die Höhe und strömt einen stark riechenden Duftstoff aus, durch den das andere Geschlecht aus großer Distanz angelockt wird. Das Eingraben der Leiche erfolgt in der Regel durch das Käfer*paar*.

eine scharfe, nach unten gerichtete Querkante. Wenn nun der Käfer seinen Hinterleib streckt oder zusammenzieht, so reibt dessen Rillenfeld an den beiden Flügelkanten, und ein zirpender Laut entsteht. Beide Geschlechter sind «stimmbegabt». Mit ihrem Zirpen reagieren die Käfer aufeinander. Wir können die Lautgebung provozieren, indem wir das Insekt anfassen. Bei Berührung wird unser Totengräber aber nicht nur zirpen, sondern auch einen für das menschliche Empfinden unangenehmen, langanhaltenden Duft absondern.
Der Totengräber bewohnt vor allem den Wald und das an den Wald angrenzende Feld. Er fliegt und krabbelt vom Frühjahr bis in den Herbst. Sein Name ist darauf zurückzuführen, daß er tote Kleintiere verschiedenster Art, wie Lurche, Vögel und Säuger, in der Erde «bestattet». Als «Totengräber» trägt dieser Käfer zweifellos zur raschen Verwesung der Leichen bei. Doch sein ungewöhnliches Verhalten dient primär nicht der Hygiene von Wald und Feld, sondern der Sorge für die eigene Brut. Hier ein paar Ausschnitte aus dem großartigen Geschehen.

«Bestattung» im Tierreich

Geleitet durch den Aasgeruch finden sich Männchen und Weibchen am Kadaver ein. Ihr Kompaß sind die am Ende keulenförmig verdickten, dicht mit haarartigen Sinnesorganen besetzten Fühler. Die «Bestattung» erfolgt in der Regel durch das Käfer*paar*. Gelangt das Männchen vor dem Weibchen ans «Ziel», so klettert es nach geraumer Zeit am Leichnam empor, streckt seinen Hinterleib steil in die Höhe und «sterzelt», das heißt es schwenkt sein Abdomen hin und her und sondert dabei einen Duftstoff ab, durch den das Weibchen aus großer Distanz herbeigelockt wird. Finden sich gleichzeitig mehrere Käfer am selben Aas ein, so kämpfen die Männchen gegen die Männchen und die Weibchen gegen die Weibchen, so lange, bis nur ein einziges Paar übrigbleibt. Erst wenn die Auseinandersetzungen beendet sind, kann das Siegespaar mit dem Eingraben des Fundes beginnen. Hand in Hand beziehungsweise Fuß in Fuß scharren nun Männchen und Weibchen die Erde unter dem Leichnam so lange weg, bis ein etwa 10 cm tiefes Loch, die sogenannte Krypta, entstanden und der Fund vollständig im Boden versunken ist. In der Regel wird nach dem Aushub das Männchen vom mittlerweile begatteten Weibchen vertrieben. «Der Mohr hat seine Schuldigkeit getan; der Mohr kann gehen.»

Hochentwickelte Brutpflege

Erst vor wenigen Jahren ist entdeckt worden, daß das Weibchen nun nicht etwa bloß seine Eier an den Kadaver ablegt und dann spurlos verschwindet, wie das von einem Käfer zu erwarten wäre, sondern daß es eine hochentwickelte Brutpflege betreibt: Unterhalb der Krypta gräbt es einen schräg abwärts

verlaufenden Gang. In den glattpolierten Wänden dieses Ganges spart es rund zwanzig kleine Nischen aus. Jede Nische belegt es mit einem Ei. Während der etwa fünf Tage dauernden Entwicklung der Embryonen kehrt das Weibchen zum Aas in die Krypta zurück, formt den Leichnam allmählich zur Kugel und beißt an deren Scheitel ein trichterförmiges Loch. Immer wieder sucht es den Trichter auf, öffnet und schließt ihn, frißt von dem faulenden Fleisch und erbricht gleichzeitig seinen Verdauungssaft in den stets größer werdenden Krater. Kurz vor dem Schlüpfen der Larven öffnet es den Trichter wieder. Mit anhaltendem Zirpen lockt es die Junglarven an den gedeckten Tisch. Der Nachwuchs versammelt sich am Rand des Kraters, frißt aber nicht direkt von der vorverdauten Nahrung, sondern läßt sich von der Mutter mit einem Gemisch aus «Frischfleisch» und erbrochenem Darminhalt füttern. Erst im Alter von fünf bis sechs Stunden beginnen die Larven sich selbständig zu ernähren. Unmittelbar nach der ersten und zweiten Häutung werden sie jedoch erneut von ihrer Mutter auf die geschilderte Weise mit Nahrung versorgt. Gelegentlich beteiligt sich auch ein «illegal» in der Bruthöhle verbliebenes Männchen an der Larvenaufzucht. Ohne Fütterung durch die Vorfahren – so wird vermutet – können sich die Nachkommen zwar ordnungsgemäß verpuppen, jedoch nicht bis zur Imago weiterentwickeln. Während ihres dritten und zugleich letzten Entwicklungsstadiums fressen sich die Larven tief in die Aaskugel hinein, verlassen dann aber das nährende Rund und verpuppen sich im Boden rings um die Krypta. Das ausgebildete Insekt schlüpft noch im gleichen Jahr. Doch erst im folgenden Sommer wird es uns in neuer Besetzung das alte Schauspiel vorführen.
Eine so hochentwickelte Brutpflege, wie sie der Totengräber betreibt, bildet unter den Käfern die seltene Ausnahme. Die meisten seiner Stammesgenossen legen zwar ihre Eier an das Nährsubstrat der künftigen Larve, kümmern sich dann aber kaum mehr um die Brut.

Vergleichen wir die Extreme miteinander, so stellen wir fest, daß zwischen dem Grad der Brutfürsorge und der Gelegegröße folgende Relation besteht: Je höher entwickelt die Brutfürsorge, desto kleiner ist das Gelege, und umgekehrt. Offensichtlich führen beide Wege zum genau gleichen Erfolg, denn sowohl durch eine intensive Brutfürsorge bei kleinem Gelege, als auch durch eine extensive Brutfürsorge bei großem Gelege ist die Generationenfolge beziehungsweise die Erhaltung der Art sichergestellt.

Evolution führt zur Individuation

Wenn nun aber die hochentwickelte Brutfürsorge der Art als solcher keinen Vorteil bringt, wem dient sie dann? Die Antwort auf diese Frage kann nur lauten: Sie dient dem Individuum! Eine intensive Brutpflege erhöht die Unabhängigkeit des einzelnen Tieres gegenüber seiner Umwelt. Das zeigt sich besonders deutlich bei jenen Tierarten, die ihre Nachkommen im Leibe austragen. Sie haben sich sozusagen die Umwelt ihrer Kindheit einverleibt und sind dadurch von ihr frei geworden. Generell gilt: Je höher eine Tierart auf dem Stufenpodest der Evolution steht, desto intensiver ist ihre Brutpflege; je intensiver die Brutpflege, desto kleiner ist die Zahl der Nachkommen; und je kleiner die Zahl der Nachkommen, desto größer ist deren Unabhängigkeit gegenüber der Umwelt. Am Grad der Individuation einer Tierart läßt sich also deren Evolutionsstufe ablesen.
Der eingangs erwähnte Stoffwechsel der Natur ist – so lehrt uns der Totengräber – nicht Selbstzweck, sondern die unerläßliche Voraussetzung für eine Entwicklung, die vom Allgemeinen zum Besonderen, vom Mineral zur Pflanze, von der Pflanze zum Tier, vom «Tier» zum Individuum führt.

Gefiederte Sänger

Verschiedene Vogelarten sind zu Kulturfolgern geworden und haben sich die Siedlungen des Menschen als Lebensraum erobert. Ein paar Beispiele mögen dies zeigen: Unter den Firstziegeln der Giebeldächer nisten Hausrotschwanz und Mauersegler; hinter den Fensterläden baut der Haussperling sein «liederliches» Nest; und in den Blumenkistchen auf dem Balkon ziehen Amsel und Grünfink ihre Jungen groß. Obwohl sich also das Leben der Vögel dicht vor unseren Augen abspielt, ist es noch immer ein «Buch mit sieben Siegeln». Sehen wir uns ein paar Ausschnitte aus dem rätselvollen Geschehen an.

Die Kunst des Nistens

Abgesehen von den Brutschmarotzern und den wenigen anderen Ausnahmen, kann man, ohne zu übertreiben, sagen: Jeder Vogel baut «sein» Nest. Wie grundverschieden die Kinderwiegen von Art zu Art sein können, sollen uns der Flußregenpfeifer *(Charadrius dubius)* und die Schwanzmeise *(Aegithalos caudatus)* demonstrieren: Während der Flußregenpfeifer lediglich eine flache Mulde in den Kies dreht und diese Mulde mit ein paar wenigen Halmen auslegt, erstellt die Schwanzmeise in Bäumen und Sträuchern ein Kugelnest aus Moos, Federn und Flechten.

Ob einfache Mulde im Kies oder komplizierte Kugel im Tann, das Nest hat für den Vogel die gleiche Bedeutung: Es ist ihm ein fester Bezugspunkt und gibt seinem Lebensraum spezifische Struktur. Offensichtlich gewährt ihm der Nistort aber auch – allen Gefahren zum Trotz – eine gewisse Geborgenheit.

Selbst bei kompliziertester Bauart ist das erste Nest schon so vollkommen wie das letzte. Die Kunst des Nistens ist dem Vogel angeboren. Der Trieb zum Nisten wird durch Hormone gesteuert und hängt vom Stand der Sonne in ihrem Jahreslauf ab. Trotzdem alle Vögel unserer Heimat unter «einer» Sonne leben, nisten sie nicht zu gleicher Zeit. Das kommt daher, daß die innere «Sonnenuhr» bei der einen Art vor-, bei der andern Art nachgeht. In beiden Fällen zeigt sich aber deutlich, daß das Leben der Vögel weitgehend vom Sonnenlicht bestimmt wird.

Ein «blaues Wunder»

Wenden wir uns nun dem Inhalt des Nestes zu: Das Vogelei, einmal ausgebildet, ist vom nährenden Quell der Mutter abge-

Flußregenpfeifer *(Charadrius dubius)* ▷
Größe: 15 cm.
Vorkommen: Der Flußregenpfeifer ist ans Wasser gebunden. Man findet ihn auf Schuttinseln von Flüssen und in Kiesgruben / Zugvogel.
Brutzeit: April–Juni, 2 Bruten.
Besonderes: Das Nest besteht lediglich aus einer flachen Mulde im Kies. Es wird nur mit ein paar wenigen Halmen ausgelegt.

Schwanzmeise *(Aegithalos caudatus)*
Größe: 13 cm.
Vorkommen: Wälder, Gärten, Hecken / Strichvogel.
Brutzeit: April–Juni, 1–2 Bruten.
Besonderes: Im Gegensatz zum Flußregenpfeifer baut die Schwanzmeise aus Moos ein kunstvolles Kugelnest, das sie innen mit Federn auspolstert und außen mit Flechten überzieht.

▷ 

schnitten. Es muß für die Brutdauer mit einer Wegzehrung (Eidotter und Eiklar) versehen sein und erreicht deshalb eine außerordentliche Größe. Obwohl also das Vogelei ausreichend mit Nahrung versehen ist, kann es sich nur dann weiter entwickeln, wenn ihm von außen genügend Wärme zugeführt wird. Als Wärmespender kommen in Betracht: Sonnenbestrahlung, Gärungsprozesse von Pflanzenabfällen und Körperkontakt mit den warmblütigen Eltern. Die Natur hat all diese Möglichkeiten ausgeschöpft. In den beiden erstgenannten Fällen dosiert der Altvogel die Wärmezufuhr durch eine mehr oder weniger tiefe Lagerung der Eier im betreffenden Substrat. Wie aber stellen die Eltern den Körperkontakt mit den Eiern her? Bekanntlich besitzen die Vögel ein dichtes Federkleid, das sie nach innen und außen abschirmt, das sie also vor Kälte schützt, aber auch daran hindert, Wärme abzugeben. Wie weise ist doch die Natur eingerichtet: Zur Brutzeit fällt den Eltern ein Teil des Bauchgefieders aus. Es entsteht eine nackte Stelle (Brutfleck), die den Hautkontakt und damit das Bebrüten der Eier ermöglicht.

Die Eier der Offenbrüter, vor allem der Bodenbrüter, sind – wie das Beispiel des Berglaubsängers *(Phylloscopus bonelli)* zeigt – meist erdfarbig gesprenkelt. Im Gegensatz hierzu trifft man

◁ Berglaubsänger *(Phylloscopus bonelli)*
Größe: 11 cm.
Vorkommen: Wälder / Zugvogel.
Brutzeit: Mai–Juni, erstellt am Boden ein backofenförmiges Nest.
Besonderes: Die Eier sind in Übereinstimmung mit den Farben der Umwelt erdfarbig gesprenkelt. Das große, weiße Ei stammt vom Kuckuck. Der Größen- und Farbunterschied zwischen dem arteigenen und dem fremden Ei ist frappant und wohl auch der Grund dafür, daß der Berglaubsänger sein Gelege verlassen hat.

△

Steinschmätzer *(Oenanthe oenanthe)*
Größe: 15 cm.
Vorkommen: Weiden, Felsen, Dünen / Zugvogel.
Brutzeit: Mai–Juni, nistet in Erdhöhlen oder unter Steinplatten.
Besonderes: Die Eier sind blaugrün. Im Gegensatz zu den Offenbrütern haben die Höhlenbrüter nicht erdfarbige, sondern vorwiegend weiße, blaue oder blaugrüne Eier.

bei den Höhlenbrütern – hier vertreten durch den Steinschmätzer *(Oenanthe oenanthe)* – vorwiegend weiße, blaue oder blaugrüne Eier. Was liegt nun näher, als in der erdfarbigen Schale der Bodenbrüter-Eier eine Anpassung an den Nistort, beziehungsweise eine Tarntracht zu sehen? – Das hier abgebildete «Offengelege» des Steinschmätzers bedarf einer Erklärung: Normalerweise nistet diese Vogelart in Erdlöchern, unter Felsplatten oder in Holzklaftern. Meist liegt das Nest so tief verborgen, daß die Eier nicht zu sehen sind. Im vorliegenden Fall hat sich das Weibchen unter einem dichten Wacholderstrauch eingenistet, was uns die seltene Gelegenheit gibt, das «blaue Wunder» zu erleben. Lassen wir uns aber durch den «verirrten» Steinschmätzer nicht vom Problem der erdfarbigen Eier echter Offenbrüter ablenken.

Kinder des Lichtes

Vögel sind – wie schon angedeutet – «Kinder des Lichtes». Die Sonne spielt in ihrem Leben eine vielfältige und ausschlaggebende Rolle. So wird erwiesenermaßen auch die Eiproduktion durch das Sonnenlicht (Tageslänge) angeregt. In Anbetracht der starken Lichtbezogenheit des Vogels drängt sich die Vermutung auf, daß bei den Offenbrütern das Licht, beziehungsweise die Farbe ihrer Umwelt bis auf die Eischale «durchschlägt». Die auffallende Eintracht mit dem Nistort wäre dann allerdings nicht durch einen Druck von außen (Selektion), sondern durch einen Zug von innen (Sympathie) entstanden. Es läge also ein ähnlicher Fall vor, wie wir ihn als gesicherte Tatsache von den Schmetterlingen her kennen: Bei Schmetterlings-Puppen, die in verschiedenfarbiger Umgebung gehalten wurden, haben die Puppen-Hüllen weitgehend das Kolorit der betreffenden, künstlichen Umwelt angenommen.

Nestflüchter und Nesthocker

Nach dem Schlüpfen aus dem Ei entpuppt sich die eine Vogelart als Nestflüchter, die andere als Nesthocker. Zu den Nestflüchtern gehören beispielsweise die Hühner, Enten, Regenpfeifer und Schnepfen. Unser Bild (S. 51) zeigt ein erst wenige Tage altes Küken des Jagdfasans *(Phasianus colchicus)*. Beim Schlüpfen aus dem Ei sind die Nestflüchter schon weit entwikkelt. Sie tragen bereits ein Federkleid, und kaum ist das Gefieder trocken, verlassen sie das Nest. Zwar können sie noch längst nicht fliegen, doch laufen sich schon recht sicher und flink. Auf der Flucht ducken sie sich nieder und verharren regungslos. Sie verharren selbst noch dann, wenn ihnen der Feind bedenklich nahekommt. Es ist, als wüßten sie um ihr verbergendes Kleid. So konnte ich einen rund zwei Wochen alten, vor dem «Feind» erstarrten Flußregenpfeifer in die Hand nehmen und wieder niedersetzen , ohne daß er sich auch nur wenig bewegt hätte. – Nach dem Verlassen der Kinderwiege werden die Nestflüchter noch während vieler Wochen von ihren Eltern geführt und gefüttert. Bei naßkalter Witterung nehmen die Alten ihren Nachwuchs buchstäblich «unter die Fittiche». Droht Gefahr, so «warnen» sie mit lauter Stimme. Auf den Warnlaut ducken sich die Jungen nieder und sind – Ton in Ton mit der Umwelt – im Nu spurlos verschwunden.
Ein ganz anderes Bild präsentieren die Nesthocker, zu denen unter anderen die Tauben, Eulen, Spechte und Sperlingsvögel gehören. Sie schlüpfen nackt und blind aus dem Ei, wie uns die rund zwei Tage alten Steinschmätzer zeigen. Mehrere Wochen lang werden die «Hocker» von ihren Eltern im Nest gehudert und gefüttert. Auf den ersten Blick machen die in jeder Beziehung «nackten» Geschöpfe einen erbärmlichen Eindruck. Bei näherem Zusehen erfahren wir aber, daß auch sie keine Stiefkinder der Natur sind. Alles, was sie zu ihrem Dasein, vor allem zum Verkehr mit den Eltern, benötigen, ist ihnen von Anfang an gegeben. Sehen wir uns das Wechselspiel zwischen jung und

△

Jagdfasan *(Phasianus colchicus)*
Größe: bis 80 cm.
Vorkommen: Waldränder, Felder, Gebüsch / Standvogel.
Brutzeit: Mai–Juni.
Besonderes: Der Jagdfasan gehört zu den Nestflüchtern. Seine Jungen sind beim Schlüpfen schon weit entwickelt. Kaum ist ihr Gefieder trocken, verlassen sie das Nest.

△

Ganz anders als die Nestflüchter präsentieren sich die nesthockenden Jungen des Steinschmätzers (vgl. Abb. S. 50). Sie schlüpfen nackt und blind aus dem Ei. Wochenlang müssen sie von ihren Eltern im Nest gehudert und gefüttert werden.
Obwohl die Nesthocker zunächst einen erbärmlichen Eindruck machen, weisen sie einen höheren Gehirnindex als die Nestflüchter auf, was sie später zu größeren psychischen Leistungen befähigt.

alt etwas genauer an: Sobald ein Elternteil auf dem Nest landet und dabei den Bau erschüttert, reißen die Jungen ihren Schnabel weit auf und wackeln mit dem Kopf. Die mächtigen «Sperrrachen» sind entweder rot, orange oder gelb gefärbt. Oft sind sie auch – den Blüten gleich – mit «Saftmalen» versehen. Das Schnabelsperren und Kopfwackeln wird von den Ornithologen als «Betteln» bezeichnet. Es ist ein Betteln mit Erfolg, denn kaum öffnen die Jungen ihren Schnabel, so stopfen die Alten das mitgebrachte Futter in den gierigen Schlund. Wer heftiger sperrt, wird öfter gefüttert. Bleibt das Sperren aber aus, so stehen die Eltern «ratlos» umher, blicken von einem Jungen zum andern und lassen schließlich das Mitbringsel fallen oder fressen es selbst. Nach der Fütterung verweilt der Altvogel noch kurze Zeit am Nest; er «wartet» darauf, daß eines der Jungen sein Schwänzchen hebt, die Kloake entblößt und ein Kotbällchen abgibt. Behende nimmt der Alte das «Geschenk» entgegen, frißt es an Ort und Stelle oder trägt es im Fluge fort.

Auch wenn die Brutfürsorge noch so intensiv verläuft, beruht sie doch nicht auf einer bewußten Zuwendung, sondern auf dem Wirken blinder Triebe. Das zeigt sich vor allem darin, daß ein Jungvogel, der auch nur wenige Zentimeter aus dem Nest gerät, von den Eltern nicht mehr beachtet wird und elendiglich verhungern muß. Eindrücklich ist auch folgendes Erlebnis: Drei Rote Wegschnecken sind in ein Bluthänflingsnest eingedrungen und haben dort, sozusagen unter den Augen der Altvögel, die gesamte, etwa vier Tage alte Brut bis auf die Knochen abgenagt. Solange die Jungen noch ein Lebenszeichen von sich gaben, sind sie mitsamt ihren Peinigern von den Eltern gehudert worden. Bestimmt wäre es den alten Bluthänflingen leicht gefallen, das Schneckentrio über Bord zu werfen, wenn . . ., ja, wenn sie die Situation durchschaut hätten. So aber sind sie und ihre Jungen das Opfer eines zwar großartigen, aber auch eng begrenzten Instinktes geworden.
Auf den ersten Blick scheinen also die Nestflüchter höher

Gartenrotschwanz *(Phoenicurus phoenicurus)* ▷
Größe: 14 cm.
Vorkommen: Wälder, Parkanlagen, Baumgärten / Zugvogel.
Brutzeit: Mai–Juli, 2 Bruten.
Besonderes: Das Brutkleid ist bei Weibchen und Männchen verschieden: Das Gefieder des Weibchens ist schlicht, das des Männchens auffallend. Beim Gartenrotschwanz besteht der Geschlechtsdimorphismus das ganze Jahr, steigert sich jedoch zur Brutzeit. Die linke Abbildung zeigt das Männchen, die rechte das Weibchen.

entwickelt zu sein als die Nesthocker. Vergleichende Gehirnuntersuchungen haben jedoch das Gegenteil erwiesen. Die durchwegs höhere Zerebralisation der Nesthocker läßt auf einen evolutiven Fortschritt und eine entsprechend höhere psychische Leistungsfähigkeit schließen.

Meistersinger und Hochzeitskleider

Viele Vogelarten zeigen zur Fortpflanzungszeit einen ausgeprägten Geschlechtsdimorphismus. Meist sind die Männchen freudiger gefärbt und stimmbegabter als die Weibchen. Gehört das Männchen der betreffenden Art zu den «guten» Sängern, so trägt es in der Regel ein eher unauffälliges Federkleid, und umgekehrt. Ein Meistersänger in schlichtem Gewand ist beispielsweise das Männchen der Nachtigall. Wogegen der farbenprächtige Stockenten-Erpel eindeutig zu den stimmlich Minderbegabten gehört. Zwischen diesen Extremen lassen sich alle Übergänge finden.

Ganz allgemein kann der Geschlechtsunterschied klein oder groß sein. Er kann vorübergehend auftreten oder – wie beim Gartenrotschwanz *(Phoenicurus phoenicurus)* – dauernd bestehen und sich während der Brutperiode lediglich verstärken. Im visuellen Bereich erlangt er bei einigen Bodenbrütern die höchsten Werte. Man denke, um sich dies deutlich zu machen, nur an die bereits erwähnte Stockente *(Anas platyrhynchos)*, deren Männchen sich durch ein buntes Gefieder deutlich von den schlicht rindenfarbigen Weibchen abheben.

Wie läßt sich der frappante Unterschied erklären? Von den führenden Biologen wird angenommen, daß Mutation und Selektion den bodenbrütenden und deshalb stark gefährdeten Weibchen zu einem «Tarnkleid» verholfen hätten, wogegen sich die «vogelfreien» Männchen den «Luxus» bunter Farben

Stockente *(Anas platyrhynchos)* ▷
Größe: 60 cm.
Vorkommen: Die Stockente ist ans Wasser gebunden / Teilzieher.
Brutzeit: April–Juni.
Besonderes: Zur Brutzeit ist das Gefieder des Weibchens schlicht rindenfarbig. Das Männchen trägt jetzt ein buntes Prachtkleid (Bild S. 53 unten). Außerhalb der Brutzeit sind sich die Gefieder von Weibchen und Männchen ähnlich; die Männchen sind «weibchenfiedrig».

◁ Mehrere Jahre hintereinander hat das gleiche (?) Pärchen den gleichen, in den Dachbalken eines Gartenhäuschens deponierten Gartenschuh als Nistplatz ausgewählt. Wenn das kein Gartenrotschwanz ist!

leisten könnten. Nach einer anderen Version haben sich die Weibchen mit den jeweils schönsten Männchen gepaart und so allmählich deren Prachtskleid herangezüchtet.

Eines steht fest: Der Geschlechtsdimorphismus äußert sich hauptsächlich zur Zeit der Fortpflanzung. Er ist der Ausdruck gesteigerter Triebe. Beim Weibchen bekundet sich nun der Fortpflanzungstrieb hauptsächlich in der Brutfürsorge. Beim Männchen manifestiert er sich vorwiegend in der Balz, im Gesang und im Prachtkleid. Eines scheint das andere weitgehend auszuschließen. In den wenigen Fällen, wo – wie beim Odinshühnchen *(Phalaropus lobatus)* – die Henne balzt und der Hahn brütet, sind auch die Kleider vertauscht. Wenn sich Henne und Hahn die Brutfürsorge teilen, tragen sie meist auch das gleiche oder doch ähnliche Kleid.

Übrigens ist das auffallende Hochzeitskleid des «balzenden» Geschlechtes nicht auf die Vögel beschränkt. Wir begegnen ihm beispielsweise auch bei den Fischen (Dreistacheliger Stichling), Lurchen (Bergmolch), Kriechtieren (Smaragdeidechse) und Säugern (Hirsch). Gerade der im letzten Beispiel genannte Hirsch zeigt deutlich, wie eng der Hochzeitsschmuck – hier das Geweih – mit dem Fortpflanzungstrieb zusammenhängt. Denn von vielen Verhaltensforschern ist beobachtet worden, wie der geschlechtlich erregte Hirsch-Stier seine Stangen am Boden reibt und gleichzeitig den Samen ergießt.

Aber nicht nur die sexuelle Erregung, sondern die Erregung ganz allgemein, kann sich im Erscheinungsbild des Tieres niederschlagen. Am eindrücklichsten zeigt sich dieses Phänomen dort, wo es plötzlich und nur vorübergehend auftritt. So etwa wenn sich die bedrohte Erdkröte aufbläht und aufrichtet, wenn sich die gefährdete Zwergrohrdommel in der Pfahlstellung buchstäblich dünn macht, oder wenn das Chamäleon und der Tintenfisch entsprechend ihrer momentanen Stimmung die Farbe wechseln.

In all diesen Fällen wird deutlich, wie stark die Innerlichkeit des

◁ Der Geschlechtsdimorphismus hängt mit dem Fortpflanzungstrieb zusammen. Beim Männchen bekundet sich dieser Trieb hauptsächlich in der Balz und im Prachtkleid. Beim Weibchen manifestiert er sich vor allem in der Brutfürsorge.

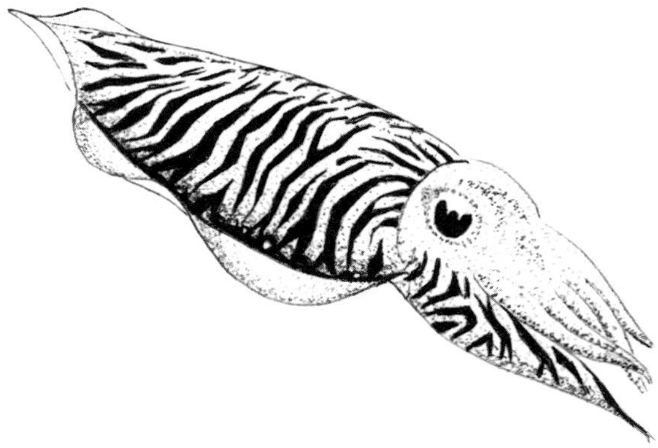

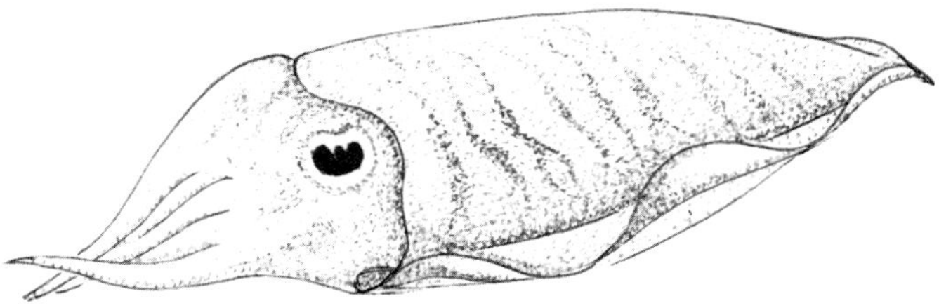

In der Fähigkeit, seine Stimmungen durch Farbwechsel zu bekunden, ▷ ist der Tintenfisch *(Sepia officinalis)* ein unübertrefflicher Meister. Die Verhaltensforscher unterscheiden bei ihm vier (!) verschiedene Stimmungskleider: eine Paarungstracht mit zebraartigem Streifenmuster (Skizze oben), eine Schrecktracht mit zwei dunklen ovalen Flecken, ein monotones Ruhekleid (Skizze unten) und ein weiteres Ruhekleid mit hellem schildförmigem Muster.
Der Farbwechsel kann beim Tintenfisch sehr schnell erfolgen. Er «basiert auf einer festgefügten Grundstruktur von Weißzellen (Iridocyten), über denen die dunklen ... Farbzellen (Chromatophoren) ihr Spiel treiben und das Kleid verändern.» Die Gestalt der Chromatophoren «wird durch radiär angeordnete Muskelfasern verändert, was eine sehr rasche Kundgebung ermöglicht» (Adolf Portmann).

Tieres von der Umwelt bestimmt wird. Es zeigt sich hier aber auch, in welch hohem Maße sich dieses Innen im Außen manifestiert. Doch kehren wir nochmals kurz zu unserem speziellen Thema, den gefiederten Sängern, zurück.

Das offenbare Geheimnis

Eine Schwalbe macht bekanntlich noch keinen Sommer. Aber eines macht sie ganz bestimmt: Mit ihrem Erscheinen im Frühjahr und Verschwinden im Herbst konfrontiert sie uns mit dem «offenbaren Geheimnis» des Vogelzuges. «Offenbar» ist ihr Kommen und Gehen als solches, «geheim» jedoch die Ursache dieses Geschehens, «geheim» bis vor kurzem auch, wo sich unser «Glücksbringer» und «Wetterprophet» zwischen dem Wegzug und der Ankunft aufhält.
Noch bis Mitte des 18. Jahrhunderts waren selbst die Fachgelehrten fest davon überzeugt, daß sich die Schwalben, gemeint sind die Rauchschwalben *(Hirundo rustica)*, im Herbst in den Sümpfen verkriechen und dort wie Frösche überwintern. Erst durch die individuelle Kennzeichnung der Vögel (Beringung) ist allmählich Licht in das Dunkel gelangt. Heute weiß sozusagen jedes Kind, daß ein Teil der bei uns brütenden Vogelarten den Winter an den Gestaden des Mittelmeeres oder gar im Süden Afrikas verbringt. Von vielen Vögeln sind auch die Wanderwege und die Reisezeiten bekannt. Selbst ihrem «Kompaß» sind die Forscher auf der Spur. Die Ergebnisse entsprechender Versuche im Labor deuten darauf hin, daß sich die Tagzieher nach dem Stand der Sonne, die Nachtzieher nach dem Stand der Sterne orientieren. Neuesten Berichten zufolge soll auch der Erdmagnetismus bei der Vogelnavigation eine gewisse Rolle spielen.
Sucht man in der Literatur nach einer Erklärung für die Ursache des Vogelzuges, so findet man meist folgende Begründung: «Die Vögel besiedeln auch Lebensräume, in denen sie nur während eines Teils des Jahres zu existieren vermögen. Um den unwirtlichen Perioden zu entgehen, wandern sie nach Süden.» Zum Teil mag diese Begründung zutreffen, generell gilt sie jedoch nicht, denn es gibt viele Vogelarten, die – wie der Mauersegler *(Apus apus)* und der Pirol *(Oriolus oriolus)* – in einem Zeitpunkt wegziehen, da in ihrem Brutgebiet der Tisch noch reich gedeckt ist.

Arteigener Kalender

Wenn wir während mehrerer Jahre die Ankunfts- und Wegzugsdaten unserer gefiederten Freunde notieren, so stellen wir fest, daß diese Daten zwar von Art zu Art etwas verschieden, innerhalb der gleichen Art jedoch recht konstant sind. Das Kommen und Gehen richtet sich also nach einem arteigenen «Kalender», das heißt nach einem bestimmten Stand der Sonne

gegenüber der Erde. Und noch etwas fällt uns auf: Die Daten der Ankunft und des Wegzuges pendeln um eine gemeinsame Mitte, um den Höchststand der Sonne in ihrem Jahreslauf. Zur Verdeutlichung dieses «Sonnenpendelns» seien wiederum der Mauersegler und der Pirol vorgestellt: Der Mauersegler kommt rund sieben Wochen vor der Sonnenkulmination (Anfang Mai) bei uns an und zieht sechs bis sieben Wochen nach diesem Geschehen (Anfang bis Mitte August) von uns fort. Beim Pirol liegen die entsprechenden Daten etwa neun Wochen vor und neun Wochen nach dem längsten Tag (Ende April, beziehungsweise Ende August). Diese Zeitsymmetrie ist – wie alles Lebendige – nicht völlig starr. Aber die Ausnahmen vermögen die Regel nicht umzustoßen.
Noch sind längst nicht alle Rätsel des Vogelzuges gelöst, doch eines steht schon heute fest: Nicht Nahrungsmangel und Winterkälte sind es primär, die den Vogel zur Wanderung zwingen, sondern sein Hunger nach Licht. Jede Vogelart hat offensichtlich ein ganz bestimmtes Verhältnis zu Licht und Finsternis. Durch mehr oder weniger ausgedehnte Wanderungen trachtet sie instinktiv danach, das ihr gemäße Verhältnis zu diesen Gegenspielern herzustellen und aufrechtzuerhalten. Was der Lichthunger im Extremfalle zu bewirken vermag, das zeigt uns die Polar- oder Küstenseeschwalbe *(Sterna paradisea)*. Ihr Brutgebiet erstreckt sich bis in die Arktis, ihr Überwinterungsgebiet bis in die Antarktis. Einzelne Exemplare dieser Art fliegen also zweimal im Jahr von Pol zu Pol, von einem Polartag zum andern.
Zusammenfassend und in Anlehnung an Goethe können wir sagen: Der Vogel ist am Licht und für das Licht geboren. Aber vieles in seinem Erscheinungsbilde deutet darauf hin, daß er die «Taten und Leiden des Lichtes» weit weniger erlebt, als viel mehr «erleibt».

Der Pirol

Der Pirol *(Oriolus oriolus)* hat im Volksmund viele Namen. Hier eine kleine Auswahl: «Vogel Bülow», «Pfingstvogel» und «Goldamsel». All diese Bezeichnungen zeugen von der großen Beliebtheit des kleinen Vogels, aber auch von seinen besonderen Eigenschaften. «Vogel Bülow» deutet auf die flötende Stimme des gefiederten Sängers hin; «Pfingstvogel» bezeichnet die Zeit seiner Ankunft im Brutgebiet; und «Goldamsel» besagt, daß sein Gefieder goldgelb und seine Größe gleich einer Amsel ist.

Diese namengebenden Eigenschaften treffen vor allem auf das Männchen zu. Das Weibchen flötet nicht und trägt auch kein goldgelbes Kleid. Seine Stimme tönt wie «chräh» und seine Farbe ist ein helles Gelbgrün.

Man sollte glauben, daß Eigenschaften, die zu volkstümlichen Namen führen, auch allgemein bekannt sind. Sie sind es aber nicht. Sie sind es deshalb nicht, weil sich der Pirol im Wipfel der Bäume verbirgt und weil sich das goldene Gelb seines Gefieders vom zarten Grün des Frühlingslaubes kaum abhebt. So kommt es denn, daß zwar viele Menschen den schönen Ruf, aber nur wenige den scheuen Rufer kennen.

Neben dem flötenden «Diüdlio» läßt das Männchen noch ein heiseres «Krächzen» hören, das zwar weniger bekannt, aber ebenso arttypisch wie der Hauptruf ist. Das «Krächzen» des Pirols kann leicht mit dem «Rätschen» des Eichelhähers verwechselt werden. Im übrigen hat der Star das «Diüdlio» des Pirols in sein Frühlingsrepertoire aufgenommen. Die Nachahmung ist so gut, daß selbst erfahrene Ornithologen oft Mühe haben, echt von unecht zu unterscheiden.

Ein Instrument, auf dem die Sonne spielt

Mitte Mai fällt der Pirol mit seiner Stimme in den Chor der Gefiederten ein. Um diese Zeit ist die Sängerschar schon nahezu vollzählig. Wir sollten nicht verfehlen, uns jetzt ihre Hymnen an die auf- und untergehende Sonne anzuhören. Vor allem sollten wir uns den schönen Morgengesang nicht entgehenlassen. Für die frühe Tagwache würden wir mehr als nur belohnt.

Bei eingehender Beschäftigung mit dem Vogellied wird uns auffallen, daß die verschiedenen Arten in ganz bestimmter Reihenfolge ihr Singen beginnen und beenden. Die Ersten am Morgen sind die Letzten am Abend, und die Ersten am Abend sind die Letzten am Morgen. Der Anfang und das Ende des Gesanges einer jeden Vogelart pendeln also um eine gemeinsame Mitte: um den Höchststand der Sonne in ihrem Tageslauf!

Auf Grund der festen Gesangszeiten und Gesangsfolgen haben verschiedene Beobachter versucht, eine «Vogeluhr» aufzustellen. Nach dieser «Uhr» beginnen die bekanntesten Vogelarten ihr Singen wie folgt:

1½ Stunden vor Sonnenaufgang:	Feldlerche, Teichrohrsänger, Hausrotschwanz, Gartenrotschwanz,
1 Stunde vor Sonnenaufgang:	Amsel, Singdrossel, Kohlmeise, Rotkehlchen, Kuckuck und Pirol,
½ Stunde vor Sonnenaufgang:	Buchfink, Goldammer, Blaumeise, Sumpfmeise, Weidenlaubsänger, Fitislaubsänger, Gartenbaumläufer, Baumpieper und Zaunkönig,
bei Sonnenaufgang:	Grünfink, Hänfling, Distelfink, Girlitz, Bachstelze, Star, Segler und Spechte.

In umgekehrter Reihenfolge verstummen die Sänger bei Sonnenuntergang. Die Gesangszeiten und Gesangsfolgen gelten für die Zeitspanne von Mitte Mai bis Ende Juni. Im Laufe des Juli läßt der Gesangseifer allenthalben schon deutlich nach. Selbstverständlich darf an die Gangpräzision der «Vogeluhr» nicht der gleiche Maßstab wie an ein Chronometer angelegt werden. Verschiedene Witterungseinflüsse machen sich oft als «Störfaktoren» bemerkbar. Überhaupt will mir der Vergleich mit einer Uhr nicht recht gefallen. Zutreffender schiene mir, die gefiederten Sänger als ein Musikinstrument zu betrachten, als ein Streichinstrument, auf dem die Sonne spielt, und das in jeder Vogelart eine anders gestimmte Saite hat.

Wir wollen die Möglichkeit der Lautgebung nicht für selbstverständlich betrachten, denn schon ein flüchtiger Blick über die Naturreiche zeigt uns ein riesiges Heer von Stummen und nur ein kleines Häuflein Stimmbegabter. Erst im Tierreich tritt der Ton auf. Je höher ein Tier in der Entwicklungsreihe steht, desto größer ist auch seine Stimmbegabung. Noch das «Murksen» und «Quaken» der Kaltblütler (Froschlurche) mutet uns

◁ Pirol *(Oriolus oriolus)*
Größe: 24 cm.
Vorkommen: Auenwälder, Baumgärten, Parklandschaften / Zugvogel.
Brutzeit: Mai–Juni.
Besonderes: Der Pirol baut sein Nest nicht – wie die anderen Baumnister – in einen Astquirl, sondern hängt es zwischen zwei waagrecht stehende Zweige einer Astgabel.

Buchfink *(Fringilla coelebs)*
Größe: 15 cm.
Vorkommen: Wälder, Feldgehölze, Gärten / Strich- und Zugvogel.
Brutzeit: April–Juni, 1–2 Bruten.
Besonderes: Im Gegensatz zum Pirol erstellt der Buchfink in einem Astquirl einen für die meisten Baumbrüter typischen Brutnapf.
▽

△
Wasserfrosch mit aufgeblähten Schallblasen

Wir wollen das Singen der Vögel, ja die Lautgebung ganz allgemein, nicht als eine Selbstverständlichkeit betrachten. Denn schon ein flüchtiger Blick über die Naturreiche zeigt uns ein großes Heer von Stimmlosen und nur ein kleines Häufchen Stimmbegabter. Erst bei den Tieren tritt die Lautgebung auf. Und auch hier sind vom primitiven Zirpen der Grillen bis zum vollkommenen Vogelgesang alle Abstufungen anzutreffen. Selbst das Quaken der Froschlurche mutet uns noch wie ein erstes Probieren an.

wie eine erstes Probieren an. Bei den Warmblütlern reift das Probieren allmählich zur Fähigkeit. Aber erst in der Sprache des Menschen erreicht diese Fähigkeit ihren Höhepunkt.
Angesichts dieser unbestreitbaren Tatsache drängt sich eine heikle Frage auf: Ist die Evolution darauf angelegt, das «Wort» aus dem «Fleisch» beziehungsweise den Geist aus dem Stoff ertönen zu lassen? Die meisten der heutigen Wissenschaftler werden diese Frage verneinen. Denn sie blicken von «unten» nach «oben», vom Stoff zum Geist, und sind bestrebt, mit einem großen Aufwand an Geist das Primat des Geistes zu leugnen.

Die eigenen Wege des Pirols

Zurück zu Oriolus oriolus: Der Pirol hat in Europa keine näheren Verwandten. Es ist deshalb auch gar nicht verwunderlich, daß er in mancher Beziehung von dem, was bei unseren Vögeln sonst üblich ist, abweicht. Schon sein goldgelbes Kleid könnte gar wohl unter der heißen Tropensonne gewoben worden sein. Vor allem aber geht der Pirol im Nestbau eigene Wege. Während die übrigen Baumbrüter ihr Nest in einen Astquirl stellen, hängt er seine Kinderwiege zwischen die Zweige einer waagrecht stehenden Astgabel. Am Bau dieser «Hängematte» sind Männchen und Weibchen etwa gleich stark beteiligt. Hand in Hand beziehungsweise Schnabel in Schnabel umwickeln sie zunächst einen der beiden Gabelzweige mit langen Halmen. Fortlaufend befestigen sie die Halmwickel mit ihrem Speichel. Nun ziehen sie die freien Enden der Halme zum gegenüberliegenden Zweig und verankern sie da auf gleiche Weise. Schließlich flechten sie in das so entstandene Grundgewebe Materialien aller Art ein: Papierfetzen, Birkenrinde, Laubblätter, Grashalme, pflanzliche Wolle und vieles andere. Im Verlauf von sechs bis sieben Tagen entsteht ein tiefer Napf mit leicht eingezogenen Rändern.
Kaum ist das Nest fertig erstellt, vertraut ihm das Weibchen vier auf weißlichem Grund dunkel gefleckte Eier an. Nachdem die Eier rund 14 Tage lang bebrütet worden sind, schlüpfen die Jungen. Im Alter von zwei bis drei Wochen verläßt der Nachwuchs – noch flugunfähig – das Nest.
Die Kinderwiege des Pirols hängt in der Regel mehrere Meter hoch in den äußersten Zweigen freistehender Bäume. Durch diese exponierte Lage wird das Nest vom Wind mächtig hin und her geschüttelt. Wäre die Nestmulde nicht außerordentlich tief und würden die Alten das Gelege nicht ununterbrochen bedecken, so müßten die Eier dem Wind zum Opfer fallen. Den Jungen kann der Wind keinen großen Schaden mehr zufügen, denn ihnen ist die Fähigkeit angeboren, sich mit den Krallen am Nestboden festzuhalten.
Ende August, spätestens anfangs September, ziehen Jung und Alt zur Überwinterung nach Afrika. Seltsamerweise benützen sie für den Herbst- und den Frühlingszug getrennte Wege «Der Herbstzug verläuft in südöstlicher Richtung und führt die Pirole über Griechenland und die Inseln der Ägäis – teilweise auch über Kreta – nach der Libyschen Wüste und Ägypten. Im Frühjahr kehren die Pirole über Tunesien, Sizilien und Italien in ihre Brutheimat zurück.» (Wolfgang Makatsch) Dieses eigenartige Phänomen, das übrigens auch bei anderen Vogelarten auftritt, wird in der Fachsprache «Schleifenzug» genannt.
Wie schon durch den Gesang, bekunden die Vögel auch durch den Zug ein inniges Verhältnis zum Licht. Denn die Daten ihres Kommens und Gehens pendeln um die Jahreskulmination der Sonne. Soviel früher also ein Zugvogel vor dem längsten Tag im Brutgebiet ankommt, soviel später tritt er auch seine Reise ins Winterquartier an. Die ersten Ankömmlinge im Jahr sind somit die letzten Wegzügler, und die ersten Wegzügler sind die letzten Ankömmlinge. Ausnahmen bestätigen die Regel.
Was ich über das Leben der «Kinder des Lichtes» in «Dur» zu berichten versuchte, das hat der Dichter Paul Bühler in «Moll» komponiert:

Vereint im freien Lüftekreis
ein Rund von blauen Schwingen...
Sie ordnen sich geheimerweis
im Geist, den sie besingen.

Ein jeder übt in seiner Art,
wie er erlauscht die Sonne
und göttlich jubelnd offenbart
des Lichtes Schöpferwonne.

Bald hoch, bald tief, bald laut, bald leis
erzittern ihre Kehlen.
So tönt das All im Amselkreis
der lichtergebnen Seelen.

Ein seltsamer Kauz

Kinder der Nacht

«Die Gruppe der Käuze enthält mehrere recht bekannte Eulenarten: bei ihnen ist meist ein deutlicher Schleier vorhanden, während ‹Ohrfedern› fehlen» (Brehms Tierleben). Trotz dieser gemeinsamen Merkmale sind die Käuze ein uneinheitliches Völkchen, das sich aus Vertretern verschiedener Gattungen zusammensetzt. Ihre volkstümliche Bezeichnung ist vom klangvollen Balzgesang der Männchen hergeleitet.
Die Käuze sind Kinder der Nacht: «Nacht» formt ihre Augen und Ohren; «Nacht» dämpft den Laut ihrer Schwingen; «Nacht» tönt in ihren Rufen. Wen wundert es da noch, daß die Menschen das Unheimliche, das sie gegenüber der Nacht empfinden, auf die Käuze übertragen haben?! Bis auf den heutigen Tag wird dem unfolgsamen Kinde mit dem «Nachtheuel» gedroht und noch immer gilt dem Abergläubigen das durchdringende «Kuwitt» des Waldkauzes als «Komm mit» (ins Reich der Toten).
Was aus der Nacht und für die Nacht geboren, das nimmt sich am Tag seltsam, kautzig aus: seltsam die gedrungene Gestalt, seltsam der große Kopf, seltsam vor allem das menschenähnliche Gesicht mit den starr nach vorne gerichteten Augen und der krummen «Schnabelnase».
Mit dem Waldkauz *(Strix aluco),* als der bei uns am weitesten verbreiteten Art, wollen wir uns jetzt näher befassen.
Ursprünglich hat der Waldkauz ausschließlich den Wald und die waldähnlichen Baumgärten bewohnt. Mehr und mehr ist er aber bis in die locker besiedelten Außenquartiere der Städte vorgedrungen. Mit kleinstem Raum nimmt er fürlieb und in der Nahrung stellt er notfalls von Mäusen auf Spatzen um.

△
Waldkauz *(Strix aluco)*
Größe: 40 cm.
Vorkommen: Wälder, Baumgärten, Parkanlagen / Strichvogel.
Brutzeit: Februar–März (Mai). Oft fliegen die Jungen schon im April aus.
Besonderes: Der Waldkauz ist die bei uns am weitesten verbreitete Eulenart. Im Wald ernährt er sich vorwiegend von Kleinsäugern. Als «Stadtkauz» frißt er jedoch – wie die Gewölluntersuchungen zeigen – hauptsächlich Kleinvögel.

Mit Haut und Haar

Bekanntlich verschlingen die Käuze ihre Beute mit Haut und Haar. Haare, Federn und Knochen werden jedoch als unverdauliche «Gewölle» über die Speiseröhre wieder ausgewürgt. Durch eingehende Gewölluntersuchungen wissen wir, daß sich der Waldkauz normalerweise von Kleinsäugern (Feldmäusen, Waldmäusen, Wühlmäusen, Ratten etc.) ernährt. Wohl fallen

◁ Bei frühen Bruten sitzt das Waldkauzweibchen schon Ende Februar, Anfang März auf dem vollen Gelege. Und bereits Mitte April fliegen dann die Jungen aus. Am Tag sind die rindenfarbigen, regungslos verharrenden Jungkäuze nur schwer zu entdecken. Bei Nacht aber verraten sie sich dem Kundigen durch ihr anhaltendes und lautstarkes Betteln.

ihm gelegentlich auch Vögel, Frösche, Kröten und Fische zum Opfer, doch bilden diese Beutetiere meist die seltene Ausnahme. Wird aber der Wald- zum «Stadtkauz», so können Vögel (Haussperlinge, Grünfinken, Amseln etc.) zu seiner Hauptnahrung werden.
Ob Maus oder Spatz, der Waldkauz frißt, was er fressen muß. Ihn wegen seines Speisezettels als «nützlich» oder «schädlich» zu taxieren, ist ein Unding. Ein jedes Lebewesen ist an ganz bestimmter Stelle ins Naturganze eingebettet und kann sich nur dieser seiner Stelle gemäß verhalten. Es muß des einen Zehrer des andern Nährer sein. Moralische Begiffe sind deshalb fehl am Platz, zudem verbauen sie wie Scheuklappen die Sicht.

Orientierung bei Nacht

Wenden wir uns jetzt der Frage zu, wie die Käuze bei Nacht und Finsternis ihre Beute finden. Eingehende Untersuchungen beim Waldkauz haben gezeigt, daß er sich hauptsächlich mit Hilfe der Augen und Ohren orientiert. Zweifellos kommt dem Auge eine Vorrangstellung zu. Das verrät uns schon seine enorme Größe. Sind doch die Augen des Waldkauzes absolut größer als die des erwachsenen Menschen. «Jeder der beiden Augäpfel nimmt mehr als den halben Raum der Schädelseite ein und steht an Masse kaum hinter dem Gehirn zurück, einem Gehirn, das immerhin zu den bestentwickelten innerhalb der

△
Kopf des Waldkauzes mit eingezeichneten Umrissen des Schädels und eines Augapfels.

△
Waldohreule: *(Asio otus)*
Größe: 35 cm.
Vorkommen: Nadel- und (lokal) Laubwälder/Strichvogel.
Brutzeit: März–Juni. Die Waldohreule nistet meist in verlassenen Krähenhorsten.
Besonderes: Die Eulen haben einen lautlosen Flug. Ihre Federn sind mit einem schalldämpfenden Flaum überzogen. Dieser Flaumüberzug dämpft nun aber nicht nur den Fluglaut, sondern saugt sich bei anhaltendem Regen auch voll Wasser. Der völlig durchnäßte Vogel wird vorübergehend flugunfähig.

△
In einem alten Krähenhorst zieht die Waldohreule ihre Jungen groß. Aus einem Fünfergelege sind drei Küken geschlüpft. Groß geworden sind jedoch nur zwei. Das dritte, der Benjamin, war schon nach wenigen Tagen spurlos verschwunden. Vermutlich ist er den beiden älteren Geschwistern zum Opfer gefallen, denn Kannibalismus ist bei Jungeulen keine Seltenheit.

Vögel zählt.» (Ernst Sutter). In wunderbarer Weise entspricht das Eulenauge den Gegebenheiten der Nacht. Bekanntlich ist bei allen Wirbeltieren der Augenhintergrund (die Netzhaut) aus «Stäbchen» und «Zäpfchen» gebildet. Die Stäbchen mit ihrem hohen Gehalt an Sehpurpur vermitteln das Hell-Dunkel-Sehen, während die Zäpfchen ausschließlich der Farbwahrnehmung dienen. In der Netzhaut der Eulen befinden sich nun fast nur Stäbchen, diese aber in ungewöhnlich großer Zahl. 56 000 solcher Stäbchen pro Quadratmillimeter Netzhaut sind beim Waldkauz festgestellt worden. Hell, aber grau in grau müssen wir uns die Welt der Eulen vorstellen. Was tut's, bei Nacht sind bekanntlich alle Katzen, aber auch alle Mäuse grau. Trotz der enorm starken Lichtempfindlichkeit bleibt dem Eulenauge auch am Tag die volle Sehkraft erhalten. Das Sehloch eines jeden Auges kann, unabhängig vom andern, zum kleinen Punkt verengt und damit eine Blendung vermieden werden.

Infolge seiner birnenförmigen Gestalt und seiner gewaltigen Größe sitzt das Eulenauge unverrückbar im Schädel fest. Auch ist durch die frontale Stellung beider Augen das Gesichtsfeld verhältnismäßig schmal. Diesen «Mängeln» ist durch eine außerordentlich große Beweglichkeit des Kopfes Rechnung getragen.

Wer als stiller Beobachter schon die Nacht im Wald zugebracht hat, wird sich über die Leistung seines Gehörs gewundert haben. Vor der Stille der Nacht hebt sich das leiseste Geräusch mit «erschreckender» Deutlichkeit ab. Wenn schon

das mittelmäßig ausgebildete Ohr des Menschen so fein reagiert, was wird dann erst noch das hochspezialisierte der Eulen leisten?! Auch in dieser Frage geben uns Untersuchungen am Waldkauz Aufschluß: Die Ohren der Eulen sind im Federkleid versteckt. Wohl das Merkwürdigste am Eulenohr ist sein häutiger Verschluß, die sogenannte Klappe. Dieser Verschluß kann zum Spalt verengt oder zum Trichter aufgerichtet werden. Vermutlich dient der trichterförmige Wall dem Richtungshören. Als Richtungshören, das heißt als Versuch, die Schallquelle zu ermitteln, müssen auch die pendelnden Kopfbewegungen der Eulen gedeutet werden.
In der Regel umfaßt das Hörvermögen der Vögel den Tonbereich der arteigenen Stimme: «Sender» und «Empfänger» sind auf die «Artfrequenz» abgestimmt. Merkwürdigerweise machen die Eulen auch hier eine Ausnahme: Beim Waldkauz erstreckt sich der Hörbereich vom tiefen «U» der eigenen Art bis zum hohen «I» der Mäuse. In unmißverständlicher Weise deutet dieses Phänomen auf die Rolle hin, die dem Gehör beim Beutefang zukommt: Zehrer und Nährer stimmen bis in alle Einzelheiten miteinander überein.

Lautloser Flug

Was wäre das beste Gehör, wenn es nicht einen lautlosen Flug zum Partner hätte?! Würde der Fluglaut das Pfeifen der Mäuse übertönen, so müßte der Kauz trotz seines ausgezeichneten Gehörs verhungern. Nach allem, was wir bisher erfahren haben, wundert uns kaum mehr, daß auch der Flug der Eulen in großartiger Weise den Anforderungen der Nacht entspricht. Von weichem Flaum überzogen, gestattet die Eulenfeder einen lautlosen Flug. Die leisen Schwingen können den Eulen aber auch zum Verhängnis werden, wie folgendes Erlebnis zeigen soll: Nach einer langen Regenperiode fand ich im tropfnassen Gras eine völlig durchnäßte Waldohreule. Der Flaumüberzug ihrer Federn war mit Regenwasser derart vollgesogen, daß das Gefieder dem Körper eng anlag. Die «Unglückliche» versuchte nicht zu fliehen; ohne großen Widerstand ließ sie sich fassen. Sobald ihr Gefieder aber wieder trocken war, suchte sie fliegend das Weite. Fachkundige Zoologen haben mir berichtet, daß es sich hier nicht um einen Einzelfall handelte, daß vielmehr bei anhaltendem Regen solche Erscheinungen öfters auftreten würden. So ist denn das nasse Gefieder der Preis, den die Eulen für ihren lautlosen Flug bezahlen müssen.

Graubraune Wattebällchen

In mondhellen Nächten kann man bei uns schon Anfang Januar das Waldkauz-Männchen balzen hören. Mit seinem tremolierenden «Huuu-hu-huuuuu» wirbt es um die Gunst der Weibchen und steckt gleichzeitig gegenüber den geschlechtsgleichen Artgenossen die Grenzen seines Revieres ab.
Bei frühen Bruten sitzt das Waldkauzweibchen bereits Ende Februar, Anfang März auf dem vollen Gelege. Und schon oft habe ich Mitte April frisch ausgeflogene Junge gefunden, – ein herrlicher Anblick, diese graubraunen Wattebällchen.

Das Folgende wirkt auf das Vorhergehende

Die Ornithologen versichern uns immer wieder, daß sich die Größe der Eulennachkommenschaft nach dem Umfang der kommenden (!) Mauspopulation richte (große Mauspopulation = großes Eulengelege, und umgekehrt). Für die Eulen ist auf diese Weise das Ernährungsproblem gelöst. Aber wie läßt sich die umgekehrte Folge von Ursache und Wirkung erklären? Auf diese heikle Frage gibt uns Jakob von Uexküll, der berühmte Umweltforscher, folgende Antwort: «Die Tiere und Pflanzen entstehen nach Art einer Melodie, ... sie bilden nicht bloß eine Einheit im Raum wie die Maschinen, sie sind auch Einheiten in der Zeit, und diese zu fassen ist der menschliche Geist nicht fähig. Sie bleiben für ihn Wunder. Uns sind nur mechanische Einheiten verständlich, in denen wie in den Maschinen alle Teile sich gegenseitig im Raume gleichzeitig bedingen. Es scheint uns ganz widersinnig, daß es Faktoren geben könne, die sich auch in der Zeit gegenseitig beeinflussen könnten. Für unseren Verstand gibt es in der Zeit nur eine Wirkung vom Vorhergehenden auf das Folgende und nicht umgekehrt.»
Was hier Jakob von Uexküll für den einzelnen Organismus feststellt, das gilt auch für die organische Natur als Ganzes. Auch da gibt es – wie Kauz und Maus zeigen – Faktoren, die sich «in der Zeit gegenseitig beeinflussen»; auch da gibt es eine Wirkung vom Folgenden auf das Vorhergehende. «Diese Tatsache ist ein Wunder, nicht im Sinne einer Gesetzlosigkeit, sondern einer unbegreiflichen Gesetzlichkeit. Es ist ebenso lächerlich wie unehrlich, das Vorhandensein dieser Tatsache leugnen zu wollen.»
Für die «Augen des Leibes» erscheinen also die Organismen räumlich und zeitlich getrennt voneinander; für die «Augen des Geistes» jedoch sind sie Glieder eines Raum und Zeit umfassenden Ganzen. Das eine scheint das andere auszuschließen. In Wirklichkeit haben wir hier aber nicht unüberbrückbare Gegensätze vor uns, sondern – bedingt durch die Zwienatur unseres «Sehens» – verschiedene Seiten ein und derselben Erscheinung, sozusagen deren Außen- und Innenseite. Deshalb gilt: Wer das wahre Wesen organischer Natur erfahren will, der muß danach trachten, die «Augen des Leibes» und die «Augen des Geistes», das Geschaute und das Gedachte in schauendem Denken und in denkendem Schauen zu vereinen.

Das Langohr

△

Langohr *(Plecotus auritus)*
Größe: Flügelspannweite 23–27 cm.
Vorkommen: Waldränder, baum- und gebüschbestandenes, aber auch bewohntes Gelände; hält einen ausgedehnten Winterschlaf.
Brunstzeit: Spätsommer oder Herbst.
Besonderes: Die Fledermäuse sind in Gestalt und Verhalten auf das Leben in der Luft zugeschnitten. Sie orientieren sich mit Hilfe eines Echopeilverfahrens: Durch die Nase oder durch das Maul (je nach Art) senden sie ultrakurze Schallwellen aus, an deren Echo sie sich orientieren.

Die Systematiker gliedern die Fledermäuse in Hufeisennasen und in Glattnasen. Wie diese Namen vermuten lassen, unterscheiden sich die beiden Familien durch den Besitz beziehungsweise das Fehlen eines hufeisenförmigen Nasenaufsatzes.
Während die Hufeisennasen in Europa lediglich mit drei Arten vertreten sind, weisen die Glattnasen im gleichen Gebiet den stattlichen Bestand von 19 Arten auf. Zu den Glattnasen gehört auch unser Studienobjekt.
Dem Langohr *(Plecotus auritus)* begegnet man von Norwegen bis zum Mittelmeer, von den Pyrenäen bis zum Ural. Sein vertikales Vorkommen reicht vom Tiefland bis an die Baumgrenze. Gerne bewohnt es die Waldränder, doch scheut es auch keineswegs vor den Siedlungen des Menschen zurück. Tagsüber verbirgt es sich in Baumhöhlen, Nistkästen, auf Dachböden oder auch nur hinter Fensterläden. Erst bei anbrechender Dunkelheit wird es aktiv. Bis weit in die Nacht hinein flattert das Langohr um Busch und Baum. Oft sucht es seine Nahrung unter den durch das Licht menschlicher Behausungen angelockten Insekten. Vor allem stellt es den Nachtfaltern nach. Sein Flug ist schnell und wendig.
Sieht man von den langen Ohren ab, so zählt Plecotus auritus zu den Kleinen der Familie. Von Kopf bis Schwanz mißt diese Art nur etwa 4 cm. Allerdings ebenso lang sind ihre hauchdünnen Ohren. Das geringe Gewicht (5–10 g) und die großen Flügel (23–27 cm Spannweite) verraten den guten Flieger. Oberseits ist das Langohr braun oder grau, unterseits weiß gefärbt. Was das Langohr zur Fledermaus macht, sind seine zu Flugorganen umgebildeten Vordergliedmaßen. Zwar treffen wir hier – und das gilt jetzt für alle Fledermäuse – die gleichen Knochen wie bei den anderen Säugetieren an, doch ist deren Form stark verändert. So hat zum Beispiel von den fünf Fingern jeder Hand nur der Daumen eine normale Gestalt, und nur er trägt eine Kralle. Alle anderen Finger sind gewaltig in die Länge gezogen und haben die endständige Kralle verloren. Die dünne, von feinen Blutgefäßen durchzogene Flughaut erstreckt sich beiderseits vom Hals zum Handgelenk, von da über die Spitzen der vier langen Finger zum Fußgelenk und schließlich bis ans Ende des zierlichen Schwänzchens. So ist denn beinahe der ganze Körper von den Flughäuten eingerahmt. Frei von Flughäuten sind lediglich der Kopf, die Daumen und die Füße. Diese Aussparungen haben funktionelle Bedeutung. Mit Hilfe der freistehenden Daumen und ihren Krallen können sich die Fledermäuse auf der Erde fortbewegen. An den vorstehenden Füßen hängen sie sich beim Ruhen und Schlafen auf. Die Bewegungsfreiheit des Kopfes spielt – wie wir gleich sehen werden – bei der Ortung eine wichtige Rolle.
Nach diesem kurzen Steckbrief wenden wir uns wieder dem Verhalten des langohrigen Zwergleins zu: Die Paarung des Langohrs erfolgt im Spätsommer oder Herbst, jedenfalls noch vor dem Winterschlaf. Merkwürdigerweise setzt die Keimesentwicklung aber erst nach der Winterruhe ein. Ende Juni oder Anfang Juli wirft das Weibchen 1 bis 2 Junge. Die Weibchen mit ihren Jungen bilden kleine Wochenstuben, das heißt, sie schließen sich an geschützten Orten in Gruppen von bis zu zehn

Stück zusammen. Durch verschiedene Beobachter wird bezeugt, daß die Jungen von einer Mutter zur anderen klettern, und daß es daher nicht immer der eigene Sproß ist, der da gesäugt oder gar mit auf die Flugreise genommen wird.
Sobald das Jahr zur Neige geht, meist schon im Monat Oktober, sucht das Langohr seine Winterquartiere auf. Die kalte Jahreszeit verbringt es schlafend in Felshöhlen, Bergwerksstollen oder Kellern. Während sich bei vielen Fledermausarten im Winter mehr oder weniger große Schlafgemeinschaften bilden, überwintert das Langohr meist einzeln. Kopfabwärts, die großen Ohren unter den eng anliegenden Flughäuten versteckt, hängt es regungslos an einem Wandvorsprung. In unseren Breiten dauert sein Winterschlaf durchschnittlich von Oktober bis März.

Orientierung per Echolot

Wenden wir uns jetzt der Frage zu, wie sich die flinken Flatterer bei Nacht und Finsternis zurechtfinden. Eine gültige Antwort auf diese Frage ist erst vor wenigen Jahrzehnten gefunden worden. Was der Gelehrten Fleiß und Scharfsinn in diesem Zusammenhang entdeckt haben, gehört zweifellos zu den schönsten Früchten experimenteller Naturforschung: Im Jahre 1794 hat Spallanzani beobachtet, daß die Fledermäuse durch einen finsteren Raum fliegen können, ohne jemals anzustoßen, selbst dann, wenn in diesem Raum dünne Drähte kreuz und quer gespannt worden waren. Auch geblendete Tiere zeigten die gleiche erstaunliche Fähigkeit. Jurine hat Spallanzanis Versuche aufgenommen und dadurch erweitert, daß er seinen Tieren die Ohren mit Wachs verstopfte. Resultat: Die Fledermäuse verloren ihr Orientierungsvermögen weitgehend. Immer stießen sie an den Hindernissen an und wurden auch recht flugunfreudig. Damit stand einwandfrei fest, daß das Gehör bei der Ortung eine ausschlaggebende Rolle spielt. Doch die beiden Gelehrten konnten in der Fachwelt keinen Glauben finden. Der berühmte Cuvier widersprach ihnen und lehrte, daß ein überaus feiner Tastsinn des Rätsels Lösung sei. Die Autorität Cuviers hat genügt, um diese Irrlehre bis in unsere Zeit weiterzuschleppen. Erst in den 30er Jahren unseres Jahrhunderts konnte Cuviers Ansicht endgültig widerlegt werden. Damals ist durch verschiedene Forscher (Griffin, Clambos, Dijkgraaf u. a.) experimentell nachgewiesen worden, daß die Fledermäuse Ultraschalltöne von 30 000 bis 60 000 Schwingungen pro Sekunde aussenden und sich an deren Echo orientieren. Mit Hilfe der Echo-Peilung – so hat sich gezeigt – können sie nicht nur feststehende Hindernisse wahrnehmen und ihnen blitzschnell ausweichen, sondern auch fliegende Insekten ermitteln, ihnen folgen und sie erbeuten.
Genauere Untersuchungen haben gezeigt, daß sich die Glattnasen einer etwas anderen Peilmethode bedienen als die Hufeisennasen. Die Glattnasen senden in rhythmischer Folge kurze Schreilaute aus. Aufgrund der Zeitdifferenz, die zwischen dem Abgang und der Rückkehr des einzelnen Lautes liegt, ermitteln sie die Entfernung des reflektierenden Gegenstandes. Anders verfahren die Hufeisennasen: Sie schreien nicht in kurzen Intervallen, sondern in einem langen Dauerton. Bei ihnen erfolgt die Orientierung am Unterschied zwischen der Sende- und der Empfangslautstärke.
Jetzt, da wir das Ortungsverfahren der Fledermäuse kennen, wird uns auch ihr seltsames Startzeremoniell besser verständlich: Kurz vor dem Abfliegen heben alle Arten den Kopf, bewegen ihn mehrmals hin und her und straffen gleichzeitig die Ohren. Für uns unhörbar – der Mensch nimmt bestenfalls Laute von bis zu 20 000 Schwingungen in der Sekunde wahr – suchen sie durch Schrei und «Gegenschrei» den Raum nach Hindernissen ab.
Nach übereinstimmender Ansicht der Forscher ist es unwahrscheinlich, daß die fliegende Fledermaus den Raum gleichzeitig nach feststehenden Hindernissen und bewegter Beute ausloten kann. Nur wenn sie über ein gutes Erinnerungsvermögen verfügt und infolgedessen mit den konstanten Hindernissen ihrer Umwelt vertraut ist – so wird angenommen –, kann sie beim Verfolgen der Beute in pfeilschnellem Fluge den Raum durchmessen, ohne je anzustoßen.
Die Annahme eines guten Erinnerungsvermögens wird denn auch durch folgende Beobachtung Möhres gestützt: Als dieser Forscher seinen in einem Flugkäfig gehaltenen Versuchstieren den Schlafkasten versetzte, flogen sie zunächst genau nach jener Stelle, an der früher ihr Unterschlupf gestanden hatte.

◁ Trotz der extrem verschiedenen Gestalt und Funktion sind die Vordergliedmaßen von Fledermaus (oben) und Maulwurf (unten) nach dem gleichen Grundplan und aus den selben Elementen gebaut.
Die Fledermaus gehört zu den erd*fliehenden*, der Maulwurf zu den erd*suchenden* Säugetieren, was schon im unterschiedlichen Skelett der beiden zum Ausdruck kommt.

Maulwurf *(Talpa europaea)* ▷
Größe: 10–15 cm.
Vorkommen: Wälder, Felder.
Brunstzeit: März–Mai.
Besonderes: Untersuchen wir die Tiere in bezug auf ihr Verhältnis zur Erdenstofflichkeit, so steht der Maulwurf der Fledermaus als Antipode gegenüber: Er «flieht» den dichten Erdenstoff nicht, sondern «sucht» ihn. Seine Vordergliedmaßen sind dementsprechend nicht zu Flügeln, sondern zu Grabschaufeln ausgebildet.

Ein Ohr mit Flügeln

Doch jetzt zurück von der künstlichen zur natürlichen Umwelt: Wenn unser langohriger Zwerg in der Abenddämmerung seine Zickzacke an den Himmel schreibt, wenn er sich als schwarze Silhouette vom grauen Hintergrund abhebt, so denkt man unwillkürlich an Christian Morgensterns Galgenlied «Das Knie». Nur daß hier kein Knie einsam durch die Welt geht, sondern ein Ohr, ein Ohr mit Flügeln. Ja, in der Fledermaus ist die Säugetiergestalt zur «Karikatur» entartet. Wie wenig dieser «Zwitter von Vogel und Maus» dem entspricht, was wir uns gemeinhin unter einem Landsäugetier vorstellen, wird uns erst dann so recht bewußt, wenn wir in Gedanken die Reihe der Vierbeiner durchgehen und auf deren Beziehung zur Erde, das heißt zur festen Stofflichkeit, achten. Bei solchem Vorgehen finden wir am einen Ende der langen Skala «erdsuchende», am anderen Ende «erdfliehende» Gestalten. In der Mitte stehen solche, die – wie beispielsweise das Reh – den festen Stoff weder speziell suchen noch fliehen, sondern sich lose mit ihm verbinden, leichtfüßig auf ihm stehen und gehen.
Zu den Erdsuchenden gehört zweifellos der Maulwurf. Sein walzenförmiger Rumpf, der lange, spitzauslaufende Kopf und die zu mächtigen Grabschaufeln umgebildeten Vordergliedmaßen sind auf das Leben im dichten, schweren Erdreich zugeschnitten. Dem Maulwurf steht als Antipode die Fledermaus gegenüber. Sie ist – wie wir gesehen haben – in Gestalt und Verhalten ein prädestinierter Bürger der locker-leichten Luft. Der Umwelt entsprechend dominiert beim Maulwurf der Geruchsinn, bei der Fledermaus das Gehör.
Selbst im Extremfalle, wie ihn Maulwurf und Fledermaus unbestreitbar darstellen, stimmen also das Tier und seine Umwelt so weitgehend miteinander überein, daß wir vom einen auf das andere schließen können. «Die müssen wohl beide füreinander sein.»

Für- oder Gegeneinander?

Dieses «Füreinander» von Organismus und Umwelt, wie es Goethe «gesehen» hat, wird allerdings von den heute führenden Neodarwinisten noch immer bestritten. Es stellt sich also die entscheidende Frage: Wer «hat recht gesehen», Darwin oder Goethe? Beruht die «Entstehung der Arten» auf einem *Gegen*einander oder einem *Für*einander von Organismus und Umwelt? Bildhaft ausgedrückt: Ist die Umwelt ein vorgegebenes, starres Gefäß, an das sich der Organismus als fremder, zufälliger Inhalt notgedrungen «anpassen» muß, oder sind das Gefäß und sein Inhalt quasi aus einem Guß? An dieser Frage scheiden sich – wie gesagt – die Geister. Aber das Zünglein der Waage schlägt mehr und mehr zu Gunsten von Goethe aus. Die moderne Ökologie, die Wissenschaft von den Beziehungen der Lebewesen zu ihrer Umwelt, weist immer deutlicher nach, daß eines das andere bedingt und ergänzt, daß ihre Beziehungen also nicht auf einem Gegen-, sondern Mit- und Füreinander beruhen.

Ein kleiner Hase stellt uns vor große Probleme

An einem sonnigen Tag Anfang April bin ich mit Freunden ausgezogen, nicht wie die sieben Schwaben das *Fürchten,* sondern als Liebhaber der Natur das *Staunen* zu lernen. Wir haben uns vorgenommen, den Frühblühern des Waldes nachzuspüren und uns im Sinne Goethes in die noch immer geheimnisvolle Metamorphose der Pflanze zu vertiefen.

Unser Reiseziel ist ein unter Naturschutz stehender Mischwald im Tafeljura, ein Wald, der für seine Vielfalt an Blütenpflanzen bekannt ist und den wir jedes Jahr mehrmals aufsuchen, um sein Sprießen, Blühen und Fruchten zu verfolgen. Auch diesmal enttäuscht uns das Stücklein «Urwald» nicht. Die Frühblüher haben offensichtlich den langen Winter mit seinen oft tiefen Temperaturen gut überstanden, denn der Waldboden ist über und über mit den weißen Blüten des Buschwindröschens bedeckt. Da und dort sind in den weißen Blütenteppich gar ein paar rote und gelbe Tupfen eingestreut: Der Gemeine Seidelbast und die Waldschlüsselblume haben ihre ersten Blüten entfaltet. An Studienmaterial wird es uns also nicht fehlen.

Der Feldhase

«Aber hier, wie überhaupt, kommt es anders, als man glaubt» (Wilhelm Busch): Ein kleiner Feldhase *(Lepus europaeus)* hat unser Vorhaben vereitelt. Durch seine merkwürdige Gestalt und sein ebenso merkwürdiges Verhalten hat er unsere Aufmerksamkeit von den Pflanzen abgezogen und voll auf sich gelenkt.

Hier die Fakten: Auf der Suche nach den in diesem Waldstück regelmäßig anzutreffenden Buschwindröschen *mit rückschreitender Metamorphose,* den «Schlüsseln» zur Geheimniskammer der Pflanzenmetamorphose (s. S. 20), fällt mein Blick zufällig auf ein kleines, schwarzes, kreisrundes Etwas. «Das wird wohl ein Astloch in einem der vielen gestürzten und nun am Boden vermodernden Baumveteranen sein», vermute ich und schreite weiter. Im Weiterschreiten kommt mir die Sache aber doch verdächtig vor. Also kehre ich um, und siehe da, mein Verdacht ist begründet: aus der Nähe betrachtet, erweist sich das vermeintliche Astloch als die Pupille eines jungen Feldhasen, der sich vor dem «Feind» in die Laubstreu geduckt hat und dort mit nach hinten an den Körper angelegten Ohren regungslos verharrt. Sein erdfarbig gesprenkeltes Kleid stimmt mit dem Farbenspiel der Umgebung so weitgehend überein, daß selbst ein geübtes Auge große Mühe hat, ihn zu entdecken.

Häslein mit Tarnkleid

Machen wir die Probe aufs Exempel: Ich rufe meine drei Begleiter herbei, stelle einen nach dem andern im Abstand von rund fünf Metern vor das Häslein, bezeichne das Suchfeld und bitte nun jeden, mir mitzuteilen, ob ihm im betreffenden Abschnitt etwas Besonderes auffällt. Unglaublich, aber wahr: Keiner meiner Freunde hat ohne meinen gezielten Hinweis das «Häslein in der Grube» entdecken können. Dabei handelt es sich bei allen dreien um erfahrene «Waldläufer» mit geschultem Blick.

Die Feldhasen sind bei uns infolge der Verwendung giftiger Pflanzenschutzmittel in der Forst- und Landwirtschaft, also durch die Vergiftung ihrer Nahrung, selten geworden. Einem Junghasen begegnet man deshalb nicht jedes Jahr. So zücken wir denn unsere Kameras, um das seltene Ereignis im Bilde festzuhalten. Die ersten Aufnahmen machen wir vorsichtshalber aus großer Distanz. Da das Häslein auf das Klicken der Kameras nicht reagiert, rücken wir schrittweise vor. Selbst als wir die für Feldhasen übliche Fluchtdistanz von drei bis vier Metern unterschreiten, bleibt der kleine Kerl regungslos in seiner Sasse liegen. Würde er nicht hin und wieder schnuppernd sein Näslein rümpfen, so könnte man ihn für ausgestopft halten. Für den Junghasen gelten offensichtlich andere Verhaltensregeln als für das ausgewachsene Tier. Er ergreift in kritischen Situationen nicht die Flucht, sondern «versteckt» sich auf Biegen oder Brechen in den mit seinem Fell korrespondierenden Farben der Umwelt.

Als wir nach einer mehrstündigen Exkursion wieder in das betreffende Waldstück zurückkehren, liegt das Hasenkind noch immer am selben Ort, nur hat es sich um 180° gedreht, so daß sein Kopf der untergehenden Sonne zugekehrt ist.

Dies sind die einfachen Tatsachen, doch welch schwierige Fragen werfen sie auf: Wie kommt der Hase zu seiner Verbergtracht? Weiß er um sie und sucht er bewußt eine seinem Fell entsprechend gefärbte Umwelt als Deckung auf? Schließlich: Schützt ihn seine Eintracht mit der Sasse vor den Feinden?

Meister im Versteckspielen

In den volkstümlichen Biologiebüchern werden die Tiere in bezug auf ihre äußere Erscheinung meist unter Titeln wie «Meister im Versteckenspiel und die Kunst, sich auffällig zu machen» abgehandelt. Als «Meister im Versteckenspiel» gilt unter den einheimischen Tieren außer dem Feldhasen beispielsweise auch der Rotfuchs *(Vulpes vulpes)*. «Die Kunst, sich auffällig zu machen», wird unter anderen dem Feuersalamander *(Salamandra salamandra)* sowie den gelb/schwarz gezeichneten Insekten, also den Wespen und ihren «Nachahmern», zuerkannt.

Über die Phänomene der Verberg- und der Auffalltracht als solche sind sich die Naturforscher weitgehend einig. Beim Versuch, die Entstehung dieser Phänomene zu erklären, scheiden sich die Geister jedoch in solche, die sich an Darwin und solche, die sich an Goethe orientieren. Unser kleiner Feldhase, dieser «Meister im Versteckenspiel», zwingt uns förmlich zu einer Auseinandersetzung mit dem Trachtproblem und den verschiedenen Lösungsversuchen.

Wie sind die Tiertrachten entstanden?

Geben wir zunächst Darwin und seinen Nachfolgern das Wort: «Der englische Naturforscher Charles Darwin» – so schreibt Karl von Frisch in seinem Lehrbuch der Biologie – «hat versucht, die fortschreitende Vervollkommnung der Lebewesen und ihre Anpassung an das Lebensgebiet *auf natürliche Weise zu erklären*. ... Darwin ging von den *Erfahrungen der Züchter* aus, unter deren Händen aus bekannten Stammformen stark abweichende Rassen hervorgehen. ... Die Veränderlichkeit der Merkmale und ihre Erblichkeit besteht in der Freiheit so gut wie bei den Haustieren des Menschen. Aber was ersetzt in der Natur die Hand des Züchters? Darwins geniale Antwort auf diese von ihm gestellte Frage ist: An die Stelle der künstlichen Zuchtwahl tritt in der Freiheit die *natürliche Zuchtwahl*, die Auslese des Passendsten im Kampf ums Dasein. ... In diesem Kampf ums Dasein haben diejenigen Individuen die meiste Aussicht, erhalten zu bleiben, die in dem einen oder anderen Merkmal in günstigem Sinne abweichen. Bleiben sie nun am Leben, bis sie selbst zur Fortpflanzung gelangen, so vererben sie die günstige Abänderung auf ihre Nachkommen. So wird es im Laufe der Generationen zu einer Häufung und Steigerung von Abweichungen kommen, die sich unter den gegebenen Bedingungen als günstig erweisen. Also zu einer Anpassung an den Lebensraum. ... Daß solche Anpassungen wirklich einen Schutz vor den natürlichen Feinden gewähren, ist durch Versuche an Fischen und Insekten erwiesen. Nur muß man sich

◁ Feldhase *(Lepus europaeus)*
Größe: 45–65 cm (ohne Schwanz).
Vorkommen: Kulturland, Laub- und Mischwald; hauptsächlich nachtaktiv.
Brunstzeit: Januar–August; jährlich 3–4 Würfe.
Besonderes: Der Feldhase besitzt eine ausgeprägte Biotoptracht. Zu seiner «Tarnung» gehört auch, daß er sich in seine «hasenfarbige» Sasse duckt und dort so lange wie möglich regungslos verharrt.

◁ Rotfuchs *(Vulpes vules)*

Größe: rund 70 cm (ohne Schwanz).
Vorkommen: Trockenes Gelände mit guter Deckung; das adulte Tier ist hauptsächlich nachtaktiv.
Brunstzeit: Januar–März; jährlich 1 Wurf (April–Mai).
Besonderes: Wie dem Feldhasen wird auch dem Rotfuchs eine «Tarntracht» zugeschrieben, nur ist er als *Jäger*, nicht als *Gejagter* «getarnt».

darüber klarsein, daß es sich stets nur um einen relativen Schutz handelt. ... Es gibt keinen absoluten Schutz gegen sämtliche Feinde. ... Darwin selbst war nicht der Ansicht, durch seine Theorie die gesamte stammesgeschichtliche Entwicklung erklären zu können. Nur manche seiner begeisterten Jünger glaubten das. Doch stehen einer solchen Auffassung ernste Bedenken entgegen. ... Die Erklärung verwickelter Anpassungen, besonders wenn solche an vielen Organen gleichzeitig erfolgen müssen (z. B. Übergang zum Landleben), bereiten der Selektionstheorie Schwierigkeiten.»

Farbige Nachbilder

Wie – so wollen wir uns jetzt fragen – erklären sich Goethe und seine Nachfolger die Farbübereinstimmung des Hasen mit seiner Sasse? Beim Suchen nach einer Antwort auf diese heikle Frage gehen wir von dem aus, was uns Goethe in seiner Farbenlehre über die physiologischen Wirkungen der Farben, speziell über die «farbigen Nachbilder», berichtet.
Nach dem Sprichwort: «Erfahrung ist der beste Lehrmeister», machen wir zunächst folgenden, die farbigen Nachbilder betreffenden Versuch: Bei intensivem Licht betrachten wir längere Zeit einen grünen Gegenstand. Unmittelbar anschließend blicken wir auf eine nicht zu hell beleuchtete graue Fläche. Auf dem grauen Untergrund erscheint – oh Wunder – ein purpurrotes Nachbild des grünen Gegenstandes, also ein Nachbild in der Komplementärfarbe. In gleicher Weise fordern einander beispielsweise auch Gelb und Blau.
Entscheidend ist nun, einzusehen, daß das Nachbild von uns aktiv erzeugt wird. Zu dieser wichtigen Einsicht können wir wie folgt gelangen: Wir rufen auf die geschilderte Weise ein Nachbild hervor und verändern dann unseren Abstand zur

Feuersalamander *(Salamandra salamandra)* ▷
Größe: bis 20 cm.
Vorkommen: Feuchte, schattige Wälder in Schluchten etc.; nachtaktiv.
Fortpflanzung: Im Frühjahr oder Sommer setzt das Weibchen im fließenden Wasser 20–40 mit Kiemen ausgestattete Larven von 2–3 cm Länge ab. Das adulte, auf dem Lande lebende Tier atmet mit Hilfe einer Lunge.
Besonderes: Das auf schwarzem Grund gelb gefleckte Kleid des Feuersalamanders wird von den meisten Biologen als Zeichen seiner Giftigkeit, als «Warntracht», gedeutet. Für Adolf Portmann sind die über den ganzen Leib «verzettelten» Akzente der Färbung ein Zeichen von stammesgeschichtlich niedrigerer Entwicklungsstufe.

◁ Gefleckter Schmalbock *(Strangalia maculata)*
Größe: 1,5–2 cm.
Vorkommen: Das ausgewachsene Insekt findet man von Mai bis August häufig auf den Blüten verschiedener Korb- und Doldenblütler. Die Larve lebt im Holz von Laub-, seltener Nadelbäumen.
Besonderes: Die Imago gilt als «Wespennachahmer». Durch seine gelb/schwarz gezeichnete Tracht soll das harmlose Tier vor dem Zugriff insektenfressender Vögel geschützt sein.

Fläche, auf der das Nachbild erscheint. Bei unserer Annäherung wird das Nachbild größer, bei unserer Entfernung kleiner. Kein Zweifel also: Die «Taten und Leiden des Lichtes» (Goethe) werden von uns nicht nur passiv entgegen genommen, sondern *aktiv beantwortet.*

Das gilt nun auch für die Tiere. Ihnen werden die Nachbilder aber weit weniger zum Erlebnis, als viel mehr zum Er-leibnis. Besonders deutlich zeigen uns dies der Laubfrosch *(Hyla arborea)* und das Chamäleon *(Chamaeleo chamaeleon)*, die bekanntlich in gewissem Umfange ihre Farbe wechseln und der Umwelt angleichen können. Otto Julius Hartmann schreibt in diesem Zusammenhange: «Ob diese Umfärbung zweckmäßig ist, wollen wir nicht untersuchen. Genug – sie findet statt, wobei wesentlich ist: Während beim Menschen *nur das Auge* auf die verschiedene Färbung der Umwelt reagiert und wir dies ‹Wahrnehmen› nennen, vollzieht sich bei *diesen* Tieren ein ‹Wahrnehmungsvorgang› mit der *ganzen Hautoberfläche* (gleichsam eine ‹Farbphotographie›), wobei aber eben diese ‹Wahrnehmung› nicht so sehr er*lebt*, als er-*leibt* wird. Dennoch sind auch hier die Augen wichtig, weil meistens nur durch sie gesteuert, die entsprechende Hautfärbung eintritt.»

Kommen wir nochmals kurz auf die farbigen Nachbilder zurück: Das Phänomen der *komplementär*farbigen Nachbilder, also das sich gegenseitige Ergänzen der Farben des Vor- und des Nachbildes zu Weiß, läßt Goethe sagen: «Das Auge verlangt dabei ganz eigentlich Totalität und schließt in sich den Farbkreis ab.»

Totalität, Ganzheit, bekundet sich auch im Verhältnis der Tiere zur Welt, in der sie leben. All die optischen und physiologischen Übereinstimmungen, die äußeren und inneren Entsprechungen, legen von dieser Ganzheit ein deutliches Zeugnis ab.

Bisher war lediglich von den «Meistern im Versteckenspiel» die Rede. Wie aber – so müssen wir uns jetzt fragen – läßt sich aus goetheanistischer Sicht die Entstehung der Kleider jener Tiere erklären, denen «die Kunst, sich auffällig zu machen» zugestanden wird?

«Denn was innen, das ist außen»

Hier gilt es folgendes zu bedenken: Das Tier hat seine Polarität im *Innen* und im *Außen.* Die Verbergtracht entsteht – wie wir gesehen haben – durch eine Reaktion ihres «Trägers» auf bestimmte Eindrücke des ihm zugehörigen *Außen.* In der Auffalltracht manifestiert sich jedoch des Tieres *Innen.* Am deutlichsten zeigt sich dies dort, wo diese Manifestation in relativ kurzer Zeit und nur vorübergehend auftritt. Ich denke hier vor allem an die «Hochzeitskleider» vieler Fische und Vögel. Wem wäre beispielsweise nicht schon aufgefallen, welch ein farbenprächtiges Gefieder der Stockenten-Erpel *(Anas platyrhynchos)* während der Fortpflanzungsperiode trägt, wogegen er all die übrige Jahreszeit schlicht hennenfiedrig ist. Den vollendetsten

auf innerer Erregung beruhenden, rasch und nur vorübergehend auftretenden Farbwechsel zeigen jedoch die Tintenfische. Der Gemeine Tintenfisch *(Sepia officinalis)* beispielsweise präsentiert sich je nach seiner momentanen Stimmung in nicht weniger als vier verschieden gemusterten Kleidern: zwei Ruhekleidern, einer Schreck- und einer Hochzeitstracht.
Wir gehen kaum fehl, wenn wir das durch die Stockente und den Tintenfisch Erfahrene verallgemeinern, wenn wir also die Erscheinungsformen der Tiere ganz generell und primär als eine Darstellung ihrer «Innerlichkeit» betrachten, um ein Wort von Adolf Portmann zu gebrauchen. Auch die Biotoptracht (Verbergtracht) resultiert ja nicht aus einem *unmittelbaren* Niederschlag der Umwelt, sondern aus einer *Reaktion des Innen auf das Außen.* Die Gestalt und das Verhalten der Tiere sind also in erster Linie Offenbarungen ihres Wesens. Die eigentliche Aufgabe des Gestalt- und Verhaltensforschers ist es daher, anhand der Erscheinung das Wesen zu ergründen.
Mit dieser Ansicht geraten wir nun allerdings in einen schroffen Gegensatz zu Darwins Lehre. Nach ihr entstehen bekanntlich nicht nur die *Kleider* der verschiedenen Arten durch äußere Einflüsse, sondern die Arten selbst. Ja, Mutation und Selektion, zufällige Erbgutänderung und anschließende «Auslese des Passendsten im Kampf ums Dasein», kurz: Zufall und Gewalt, das sind nach der heute vorherrschenden Meinung die großen und alleinigen Baumeister der Welt.
Unser Problem spitzt sich also auf die Faktorenfrage zu: Sind die Gestalt und das Verhalten der Tiere ein Produkt ihrer Um- oder ihrer Innenwelt?

Innere Natur und äußere Umstände

Mit seinem «Doppelten Gesetz», dem Gesetz der «inneren Natur» und der «äußeren Umstände», hat Goethe gezeigt, daß wir hier kein Entweder-Oder vor uns haben, sondern ein Sowohl-als-Auch. Nach Goethes Erkenntnis werden die Lebewesen durch ihre «innere Natur *konstituiert*», durch die «äußeren Umstände *modifiziert*». Die Umwelt als gestaltender Faktor wird also von Goethe nicht *bestritten,* jedoch anders als von Darwin *gewichtet.* Goethe läßt die «äußeren Umstände» lediglich *abwandeln,* was aus der «inneren Natur» *entstanden* ist.
Auffallend ist nun, daß alles, was aus der «inneren Natur» entsteht, mit den «äußeren Umständen» übereinstimmt und daß alles, was durch die «äußeren Umstände» abgewandelt wird, der «inneren Natur» entspricht. Die «innere Natur» der Tiere und ihre «äußeren Umstände» sind also einander nicht fremd, sondern verwandt; sie sind im Grunde eins!
Mit seinem «Doppelten Gesetz» hat Goethe eine Brücke zur Verständigung mit den Darwinisten gebaut. Uns schützt er mit seiner Erkenntnis vor dem mächtigen Sog «einfacher» Erklärungen und bahnt uns gleichzeitig den Weg zu objektiver Betrachtung, einer Betrachtung nach dem Motto: «Man suche nur nichts hinter den Phänomenen; sie selbst sind die Lehre.»
Diesem Leitspruch folgend, wollen wir uns zum Schluß nochmals kurz das Phänomen «Feldhase» vor Augen führen und uns fragen, was es «lehrt».

Das Verhalten ist durch die Gestalt bestimmt

Des Feldhasen *Gestalt* ist gekennzeichnet durch das oberseits erdbraune, unterseits gelbweiße Fell, durch die mächtigen Ohren, die großen Augen und die lange Schnauze mit den kräftigen «Schnurrhaaren». Nicht zu übersehen sind auch die enorm langen, muskulösen Hinterbeine. Von seinen *Verhaltensweisen* fallen vor allem das Sich-in-die-Sasse-Ducken und die rasante Flucht mit Hakenschlagen auf.
Was «lehren» nun diese Phänomene? Die Merkmale der *Gestalt* deuten auf eine hoch entwickelte Sinnesorganisation und auf die Fähigkeit zur Flucht in die «hasenfarbige» Umwelt oder die «blaue» Ferne hin. Das *Verhalten* ist durch die Gestalt gegeben, vorbereitet. Denn sowohl das Sich-Ducken vor dem Feind als auch die rasante Flucht setzen wache Sinne und ein gutes Laufvermögen voraus.
Das «arme Häslein», das nach dem bekannten Kinderlied «krank in seiner Grube saß und schlief», war also weder krank noch hat es geschlafen. Vielmehr wachte es mit angespannten Sinnen und stets bereit, in kritischer Situation die «schützende» Sasse zu verlassen und sein Heil im schnellen Lauf zu suchen. Die Flucht ist des Hasen einzige Waffe. Die «Flucht» prägt seine Gestalt; zur Flucht zwingt ihn sein Instinkt!

Tips für die Beobachtung

«Der Welt Schlüssel heißt Demut. Ohne ihn ist alles Klopfen, Horchen, Spähen umsonst.»

Diese Lebensweisheit Christian Morgensterns gilt auch für den Naturfreund. Nur wenn er sich geduldig und aufmerksam mit Pflanze und Tier befaßt, nur wenn er sich ihnen uneigennützig naht, werden sie ihm nach und nach ihr Geheimnis anvertrauen.

Die Natur ist heute durch den Menschen in ihrer Existenz bedroht. Tagtäglich erreicht uns die Nachricht vom Rückgang oder gar Aussterben weiterer Pflanzen- und Tierarten. Es ist deshalb selbstverständlich, daß sich der Naturfreund im Gelände vorsichtig verhält und seine ohnehin schon stark gefährdeten «Freunde» nicht noch zusätzlich schädigt.

Zu einem naturkundlichen Streifzug gehört eine gründliche Vorbereitung, denn ein «Streifzug auf's Geratewohl» wird selten zu fruchtbaren Begegnungen führen. Es gilt also, sich zunächst durch Fachkundige oder entsprechende Literatur über den zum Besuch vorgesehenen Lebensraum und seine Bewohner zu informieren. Meine den Abbildungen beigefügten Daten für die Beobachtung möchten mithelfen, den Weg zu einer fruchtbaren Begegnung mit Flora und Fauna zu bahnen.

In jeder größeren Stadt gibt es Vereine, die sich mit speziellen Belangen der Natur befassen (Vereine für Pilzkunde, Insektenkunde, Vogelkunde etc.) und deren Mitglieder in der Regel ihr Wissen gerne an ernsthaft interessierte Neulinge weitergeben. Ich selbst habe von solchen Menschen viel lernen dürfen.

Zu einem naturkundlichen Streifzug gehört auch eine taugliche Ausrüstung: eine robuste, dem betreffenden Biotop und der herrschenden Witterung angepaßte Bekleidung, ein Notizbuch und (wenn möglich) ein Fernglas. – Im Notizbuch tragen wir jeweils den Ort, das Datum und die Tageszeit unserer Beobachtung sowie den Namen des betreffenden Lebewesens und seine Beziehung zur Umwelt ein (Beispiel: Reinacher Heide, 25. 5. 1988, 11 Uhr, Schwalbenschwanz bei der Eiablage an Wilder Möhre). Bei konsequenter Buchführung erhalten wir mit der Zeit ein Inventar der in einem bestimmten Gebiet vorkommenden Lebewesen und einen Einblick in deren wechselseitige Beziehungen. Regelmäßige, jahrelange Aufzeichnungen ergeben auch einen wertvollen Beobachtungskalender. Durch Skizzen läßt sich das Geschriebene in idealer Weise ergänzen. – Ein Fernglas ist insofern wünschenswert, als es uns ermöglicht, scheue Tiere aus so großer Distanz zu beobachten, daß wir ihr natürliches Verhalten nicht beeinträchtigen.

«Alle wollen zurück zur Natur, – nur nicht zu Fuß.»

Der Naturfreund – einmal im Beobachtungsgebiet angelangt – geht zu Fuß, ja, er geht bewußt langsam zu Fuß. Hin und wieder unterbricht er gar seinen Gang, setzt sich nieder und gibt sich nun ganz den Eindrücken seiner Umgebung hin. Durch ein solches Verhalten wird er mit der Zeit erfahren: Die Natur «hat keine Sprache noch Rede; aber sie schafft Zungen und Herzen, durch die sie fühlt und spricht» (Goethe).

«Morgenstund hat Gold im Mund.»

Für viele Beobachtungen eignen sich die frühen Morgenstunden am besten. So können wir beispielsweise bei Sonnenaufgang im Frühjahr das großartige Morgenkonzert der Singvögel erleben. Auch den noch kältestarren Schmetterlingen kommen wir jetzt recht nahe und können beobachten, wie sie mit steigender Sonne ihre Flügel ausbreiten und sich von unserem Tagesgestirn ihr Lebensfeuer entfachen lassen.

Meist herrscht am frühen Morgen Frieden in Feld und Wald. Noch sind die Störfaktoren unserer Zivilisation minimal; noch können wir die Botschaften von Flora und Fauna nahezu rein empfangen und in Ruhe auf uns wirken lassen. In der Stille des frühen Morgens ist uns die äußere Voraussetzung für eine innere Sammlung, für die Konzentration aufs Phänomen, gegeben. Sofern wir eine solche innige Zuwendung anstreben und sie uns gelingt, sollten wir versuchen, das am Phänomen Erlebte in Worte zu fassen, nicht um festzulegen, sondern um Schritt für Schritt beziehungsweise Wort für Wort zum Fürsprecher und Beistand der Natur zu werden, die – wie Goethe sagt – selbst «keine Sprache nach Rede hat», sich jedoch in den wirklichen Naturliebhabern «Münder und Herzen schafft, durch die sie fühlt und spricht.» – Ja, «Morgenstund hat Gold im Mund.»

«Vor lauter Bäumen den Wald nicht sehen»

Zu Beginn unserer naturkundlichen Tätigkeit sind wir mit dem Kennenlernen der «Bäume» so stark beschäftigt, daß wir tatsächlich «vor lauter Bäumen den Wald nicht sehen». Sobald wir aber die nötige Artenkenntnis erworben haben, zeigen sich uns die «Bäume» auch in ihrem Zusammenhang, zeigt sich uns der «Wald». Bei der Erforschung des «Waldes», das heißt der Natur als Lebensgemeinschaft, sind die Biologen in hohem Maße auf das Mitwirken engagierter Laien angewiesen. Hier steht also für jeden von uns ein großes und dankbares Betätigungsfeld offen. Dankbar ist ein solches Tun vor allem deshalb, weil es dazu beiträgt, solide Grundlagen für den heute so notwendigen Naturschutz zu schaffen.
In diesem Sinne: Viel Freude und guten Erfolg beim Ergründen der «offenbaren Geheimnisse» unserer geliebten Natur!

Beobachtungskalender

Pflanzen- oder Tierart	Wichtigster Lebensraum	Besonderheiten	Beobachtung von	im Monat
Ampferfeuerfalter, Kleiner	Feuchtwiesen, kollin-alpin	blütenhafte Farbe	Flugzeit	5–7
Ananasgalle	an Fichte, kollin-subalpin	Erreger = Laus	Entwicklung	5–7
Apfelbaum	Kulturland, kollin-montan		«Wurmbefall» des Apfels	6–10
Aronstab, Gefleckter	Laubwald, kollin-montan	Blütenbiologie	Blühzeit	4–5
Berglaubsänger	Waldrand, kollin-subalpin	Bodenbrüter, (Eier erdfarbig)	Brutzeit	5–6
Birkenblattroller	Waldrand, Busch, kollin-subalpin	Brutfürsorge	Flugzeit	5–7
Blattstielgalle	Schwarzpappel, kollin-montan	Erreger = Laus	Entwicklung	8–9
Buchfink	Wald, Garten, kollin-subalpin	Napfnest in Astquirl	Brutzeit	4–6
Buschwindröschen	Wald, kollin-montan	rückschreitende Metamorphose der Blüte	Blühzeit	3– 5
Erdstern	Nadelwald, kollin-montan	besondere Gestalt	Fruktifikation	8–10
Feigenbaum	Kulturland, kollin		Befruchtung durch Feigenwespe	4
Feldhase	Wald, Feld, kollin-montan	Biotoptracht	Brunstzeit, Wurfzeit	1–8 3–10
Feuersalamander	Wald, Schlucht, kollin-montan	Warntracht?	Geburt der Larven	Sommer
Fliegenpilz	Wald, kollin-subalpin	«Pilz» = Fruchtkörper	Fruktifikation	7–11
Flußregenpfeifer	Flußufer, kollin	Nest = nackte Mulde im Kies	Brutzeit	4–6
Gartenrotschwanz	Waldrand, Baumgarten, kollin-subalpin	Geschlechtsdimorphismus	Brutzeit	5–7
Haselblattroller	Waldrand, kollin-montan	Brutfürsorge	Flugzeit	5–7
Jagdfasan	Wald, Feld, kollin	Nestflüchter	Brutzeit	5–6
Kupferglucke	Auenwald, kollin	Blattgestalt	Flugzeit	7–8
Lärchenröhrling	unter Lärchen, kollin-subalpin	Symbiose mit Lärche	Fruktifikation	6–10
Langohr	Waldrand, Kulturland, kollin-subalpin	Echopeilung	Brunstzeit, Wurfzeit	Herbst 5–7

Pflanzen- oder Tierart	Wichtigster Lebensraum	Besonderheiten	Beobachtung von	im Monat
Lindenschwärmer	Wald, Park, kollin	rindenfarb. Flügel	Flugzeit	5–6
Maiwurm	Waldrand, Wiese, kollin	Verhalten der Larve	«Flugzeit»	5
Mauersegler	Siedlungen d. Menschen, kollin-subalpin	Ankunft + Wegzug	Brutzeit	5–6
Maulwurf	Wald, Feld, kollin-montan	lebt unterirdisch (Grabhände)	Brunstzeit, Wurfzeit	3–5 4–6
Pirol	Auenwald, Baumgarten, kollin	Gesang (Vogeluhr)	Brutzeit	5–6
Rauchschwalbe	Kulturland, kollin-montan	Ankunft + Wegzug	Brutzeit	5–8
Regenwurm, Gemeiner	gesunder Boden, kollin-alpin	Humusbildung	Fortpflanzung	Frühjahr
Rotfuchs	Wald, Hecke, kollin-subalpin	Biotoptracht	Brunstzeit, Wurfzeit	1–3 4–5
Saftling, Mennigroter	Feuchtwiesen, kollin-subalpin	besondere Farbe	Fruktifikation	7–10
Schmalbock, Gefleckter	Waldrand, Wiese, kollin-montan	Warntracht?	Flugzeit	5–8
Schwanzmeise	Wald, Hecke, kollin-montan	Kugelnest aus Moos	Brutzeit	4–6
Schwefelkopf, Grünblättriger	Wald, kollin-montan	Saprophyt	Fruktifikation	6–11
Schwefelporling	an Laub- und Nadelbäumen, kollin-subalpin	Parasit	Fruktifikation	5–10
Steinschmätzer	Weide, montan-alpin	Höhlenbrüter (Eier farbig)	Brutzeit	5–6
Stinkmorchel	Wald, kollin-montan	Sporenverbreitung durch Insekten	Fruktifikation	6–11
Stockente	Ufergelände, kollin-subalpin	Geschlechtsdimorphismus	Brutzeit	4–6
Totengräber	Wald, Feld, Park, kollin-subalpin	Brutfürsorge	Flugzeit	5–10
Waldkauz	Wald, Park, kollin-montan	Nachttier (lautloser Flug)	Brutzeit	2–3
Waldohreule	Wald, Feldgehölz, kollin-subalpin	Nachttier (lautloser Flug)	Brutzeit	3–6

Naturphotographie

△
Zu Regel 1

Kamera

Alle hier reproduzierten Bilder sind mit einer einäugigen Spiegelreflex-Kamera im Kleinbildformat aufgenommen worden. Eine automatische Kamera erhöht die Aufnahmebereitschaft und gestattet dem Photographen, sich voll auf das Motiv zu konzentrieren.

Objektive

Für die Aufnahmen kleiner Pflanzen und Tiere habe ich in der Regel ein Makroobjektiv mit einer Brennweite von 50 mm und einem Einstellbereich von Unendlich bis zum Maßstab 1:2 eingesetzt. Ein zugehöriger Zwischenring von 25 mm erweitert den Einstellbereich dieses Objektives bis zum Maßstab 1:1. Für das Photographieren von Landschaften verwende ich ein Zoom (Vario-Objektiv) mit einem Brennweitenbereich von 35 bis 70 mm. Mit ihm läßt sich von einem gegebenen Standort aus leicht der gewünschte Ausschnitt erzielen. Für die Fernaufnahme von scheuen Tieren schließlich steht mir ein Zoom mit einem Brennweitenbereich von 75 bis 200 mm zur Verfügung. Durch den Einsatz eines (wenn möglich auf das System abgestimmten) Zweifach-Konverters läßt sich die Brennweite eines jeden Objektivs verdoppeln. Allerdings muß bei Verwendung eines solchen Konverters ein Lichtverlust von zwei Stufen in Kauf genommen werden.

Elektronenblitz

Nahaufnahmen im relativ dunklen Waldesinneren erfordern meist eine künstliche Lichtquelle. In solchen Fällen hat sich der Elektronenblitz mit seiner auf das Tageslicht abgestimmten Farbtemperatur bestens bewährt. Zu harte Schlagschatten lassen sich durch eine weiße Folie aufhellen. Besitzen wir eine Kamera mit der heute üblichen Blitzlicht-Messung durch das Objektiv (TTL-Messung), so fallen all die zeitraubenden und komplizierten Berechnungen des Belichtungs-Verlängerungsfaktors, die bei Nahaufnahmen durch den langen Objektiv-Tubus erforderlich werden, weg. – Die Erfahrung hat gezeigt,

daß Aufnahmen mit Tageslicht und einer (durch das relativ dunkle Waldesinnere bedingten) langen Belichtungszeit oft unerwünschte Farbstiche aufweisen.

Stativ, Winder und Fernauslöser

Ein Stativ setze ich nur dann ein, wenn ich bei Tieraufnahmen die Kamera aus Distanz bedienen muß. Solche Aufnahmen erfordern auch einen Winder und einen Fernauslöser.

Film

Sowohl für die Landschafts- als auch für die Pflanzen- und Tieraufnahmen benütze ich ausschließlich den Farbdiapositiv-Film. Von ihm lassen sich sowohl farbige als (über ein Zwischennegativ) auch schwarz/weiße Papierbilder herstellen. Filme mit einer Lichtempfindlichkeit von 21 DIN (100 ASA) eignen sich für nahezu alle Bereiche der Naturphotographie. Trotz ihrer verhältnismäßig hohen Lichtempfindlichkeit haben diese Filme ein erstaunlich gutes Auflösungsvermögen und eine recht befriedigende Feinkörnigkeit. «Gut» sind heute sozusagen alle Farbfilme, doch jeder hat besondere Eigenschaften. Zudem ist das Farbempfinden von Photograph zu Photograph verschieden. Da hilft nur eines: der eigene Test.

◁ Zu Regel 2 Zu Regel 3 ▷

Regeln für den Naturphotographen

Der Naturphotograph (und nicht nur er) sollte vor allem drei Regeln beachten:

1. Motiv groß abbilden,
2. Motiv frei stellen und
3. Motiv plastisch gestalten.

Zu Regel 1: Für die große Abbildung eines Motivs ist meist die Nahaufnahme gegeben (Bild S. 73). Bei allzu großer Abbildung wird das Motiv «verfremdet». Die Großaufnahme sollte deshalb in eine Bildserie eingebettet sein, die den Gegenstand auch in seiner «natürlichen» Größe und zugehörigen Umgebung zeigt.

Zu Regel 2: Das Motiv läßt sich auf verschiedene Weise frei stellen:
- Durch eine große Blende (mit ihrer geringen Schärfentiefe),
- durch ein langbrennweitiges Objektiv (mit seiner ebenfalls geringen Schärfentiefe),
- durch die Beschattung des Hintergrundes (bei Aufnahmen mit Tageslicht) oder
- durch Blitzlicht, das infolge seiner relativ geringen Reichweite den Hintergrund dunkel erscheinen läßt und somit das Motiv frei stellt (Bild oben).

Zu Regel 3: Die plastische Wirkung eines Motivs hängt weitgehend von der Einfallsrichtung des Lichtes ab:

- Frontal auftreffendes Licht liefert «flache» Bilder.
- Bei Streif- oder Gegenlicht erscheint das Motiv plastisch. Das hier abgebildete «Gesicht der alten Arve» ist im Streiflicht aufgenommen worden (Bild oben).

Und jetzt: «Gut Licht!» und recht viel Freude an den kleinen und doch so großen Wundern des Waldes.

Literatur

Biologie

Baumann, F.: Die freilebenden Säugetiere der Schweiz. Hans Huber, Bern, 1949.

Brehms Tierleben (4 Bde). Bibliographisches Institut, Leipzig, 1941.

Bruns, Herbert: Warn- und Tarntrachten im Tierreich. Franck'sche Verlagshandlung, Stuttgart, 1952.

de Wit, H. C. C. + Boedijn, K. B.: Knaurs Pflanzenreich in Farbe (3 Bde). Droemer/Knaur, München/Zürich, 1964–1967.

Francé, R. H.: Die Welt der Pflanzen. Südwest-Verlag, München, 1962.

Glutz von Blotzheim, U. N.: Die Brutvögel der Schweiz. Aargauer Tagblatt, Aarau, 1962.

Goethe, Johann Wolfgang: Metamorphose der Pflanzen. Freies Geistesleben, Stuttgart, 1960.

– Natur. Droemer/Knaur, München/Zürich, 1962.

– Werke in 2 Dünndruckbänden. Droemer/Knaur, München/Zürich, 1953.

Grohmann, Gerbert: Die Pflanze (2 Bde). Freies Geistesleben, Stuttgart, 1959.

Guggisberg, C. A. W.: Das Tierleben der Alpen (2 Bände), Hallwag, Bern, 1954–1955.

Hartmann, Otto J.: Vom Sinn der Weltentwicklung. Vittorio Klostermann, Frankfurt/M. 1971.

Heitler, Walter: Der Mensch und die naturwissenschaftliche Erkenntnis. Friedrich Vieweg + Sohn, Braunschweig, 1966.

– Naturphilosophische Streifzüge: Friedrich Vieweg + Sohn, Braunschweig, 1970.

Hemleben, Johannes: Haeckel. Rowohlt Taschenbuch, Reinbek b. Hamburg, 1964.

– Darwin. Rowohlt Taschenbuch, Reinbek b. Hamburg, 1968.

Illies, Joachim: Anthropologie des Tieres. Deutscher Taschenbuch Verlag, München, 1977.

– Das Geheimnis des Lebendigen. Kindler, München, 1976.

– Der Jahrhundertirrtum. Umschau, Frankfurt/M., 1983.

Jacobs, W. + Renner, M.: Taschenlexikon zur Biologie der Insekten. Gustav Fischer, Stuttgart, 1974.

Kipp, Friedrich A.: Arterhaltung und Individualisierung in der Tierreihe (in: Goetheanistische Naturwissenschaft / Zoologie. Freies Geistesleben, Stuttgart, 1983).

Lorenzen, Iwer Thor: Metamorphose. Zeitgenössischer Goetheanismus, Hamburg-Fuhlsbüttel, 1958.

Makatsch, Wolfgang: Vögel in Haus, Hof und Garten. Neumann Verlag, Radebeul + Berlin, 1956.

Nachtwey, Robert: Instinkt, Rätsel der Welt. Eberhard Brockhaus, Wiesbaden, 1950.

Pelikan, Wilhelm: Heilpflanzenkunde, Band 2. Philosophisch-Anthroposophischer Verlag, Dornach, 1962.

Poppelbaum, Hermann: Tier-Wesenskunde. Philosophisch-Anthroposophischer Verlag, Dornach, 1954.

Portmann, Adolf: Die Tiergestalt. Friedrich Reinhardt, Basel, 1960.

– Tarnung im Tierreich: Springer, Berlin/Göttingen/Heidelberg, 1956.

Stäger, Robert: Betrachtet die Lilien des Feldes. Rex, Luzern, 1946.

Storl, Wolf-Dieter: Der Garten als Mikrokosmos. Hermann Bauer, Freiburg/Br., 1982.

Suchantke, Andreas: Metamorphosen im Insektenreich. Freies Geistesleben, Stuttgart, 1965.

Sutter, Ernst: in: Die Brutvögel Europas, Silva-Verlag, Zürich, o. J.

Urania Tierreich (6 Bde). Urania, Leipzig/Jena/Berlin, 1967–1969.

von Frisch, Karl: Biologie. Bayerischer Schulbuch-Verlag, München 1967.

von Uexküll, Jakob + Kriszat, Georg: Streifzüge durch die Umwelt von Tieren und Menschen. S. Fischer, Frankfurt/M., 1970.

Wohlbold, Hans: Das Wunder des Instinktes. Quelle + Meyer, Leipzig, 1941.

Bestimmungsbücher

Arnold, E. N. + Burton, J. A.: Pareys Reptilien- und Amphibienführer Europas. Paul Parey, Hamburg/Berlin, 1978.

Binz/Becherer: Schul- und Exkursionsflora für die Schweiz. Schwabe, Basel, 1976.

Fitter, R. + Fitter, A. + Blamey, M.: Pareys Blumenbuch. Paul Parey, Hamburg/Berlin, 1975.

Jahn, Hermann: Pilze rundum. Park, Hamburg, 1949.

Michael/Hennig/Kreisel: Handbuch für Pilzfreunde (6 Bde). Gustav Fischer, Jena, 1968–1974.

Peterson, R. + Mountfort, G. + Hollom, P. A. D.: Die Vögel Europas. Paul Parey, Hamburg/Berlin, 1961.

Sauer, Frieder: Heimische Nachtfalter. Fauna, Karlsfeld, 1984.

Thommen, Eduard: Taschenatlas der Schweizer Flora. Birkhäuser, Basel/Stuttgart, 1973.

van den Brink, F. H.: Die Säugetiere Europas. Paul Parey, Hamburg/Berlin, 1957.

Erklärung der Fachausdrücke

Abdomen = Hinterleib
Analogie = gleiche Funktion von Organen verschiedener entwicklungsgeschichtlicher Herkunft
Analyse = Untersuchung eines Gegenstandes oder Sachverhaltes hinsichtlich aller Komponenten oder Faktoren, die ihn bestimmen
Antibiotikum = biologischer Wirkstoff aus Stoffwechselprodukten von Kleinstlebewesen, der andere Mikroorganismen im Wachstum hemmt oder abtötet
Carnivoren = in der Zoologie: fleischfressende Tiere
Chlorophyll = grüner Farbstoff in Pflanzenzellen, der die Assimilation ermöglicht (Blattgrün)
Embryo = in der Keimesentwicklung befindlicher Organismus
Evolution = allmählich fortschreitende Entwicklung von niederen zu höheren Formen (sowohl beim stammesgeschichtlichen als auch beim individuellen Werdegang)
Exkrement = Ausscheidung
Geschlechtsdimorphismus = Zweigestaltigkeit (Verschiedengestaltigkeit) der Geschlechter
Heterotroph = auf organische Nahrung angewiesen
Hormon = körpereigener, von den Drüsen mit innerer Sekretion gebildeter und ins Blut abgegebener Wirkstoff
Imago = ausgebildetes, geschlechtsreifes Insekt
Individuum = Pflanze oder Tier als Einzelexemplar
Instinkt = angeborener und erblich festgelegter Trieb oder Reflex
Kloake = gemeinsamer Ausführungsgang für den Darm, die Harnblase und die Geschlechtsorgane bei Reptilien und einigen niederen Säugetieren
Kohlehydrat = aus Kohlenstoff, Sauerstoff und Wasserstoff zusammengesetzte organische Verbindung (z. B. Stärke, Zellulose, Zucker)
komplementär = sich gegenseitig ergänzend
Konsument = Verbraucher organischer Substanz
Kopulation = Begattung, Verschmelzung der Geschlechtszellen
Kutikula = dünnes Häutchen über der äußeren Zellschicht bei Pflanzen und Tieren
Metamorphose = Gestaltwandel bei der Entwicklung von Pflanze und Tier
Mimikry = Nachahmung wehrhafter durch wehrlose Tiere zum Schutz vor Feinden
Mutation = spontane oder künstlich erzeugte Änderung im Erbgefüge
Ökologie = Wissenschaft von den Beziehungen der Lebewesen zu ihrer Umwelt
Ornithologe = Vogelkundiger
Pollen = Blütenstaub, der in den Staubbeuteln der Blütenpflanzen gebildet wird
Prädestination = Geeignetsein, Vorherbestimmtsein für gewisse Fähigkeiten
Produzent = Lebewesen, das organische Substanz aufbaut
Reduzent = Lebewesen, das organische Stoffe wieder in anorganische überführt
Regeneration = Ersatz verlorengegangener Organe oder Organteile bei Pflanzen und Tieren
Segment = Abschnitt oder Teilstück (in bezug auf ein Ganzes)
Selektion = Auslese (durch den Kampf ums Dasein)
Spatha = auffällig gefärbtes Hochblatt bei Palmen- und Aronstabgewächsen, das den Blütenstand umschließt
Spermium = reife männliche Keimzelle bei Tier und Mensch
Spreite = eigentliche Blattfläche
Sympathie = in der Naturphilosophie: Verbundenheit aller Teile des Ganzen
Umwelt = Gesamtheit der auf einen Organismus von außen einwirkenden Faktoren
Variation = Abwandlung
Zerebralisation = Ausbildung und Differenzierung des Gehirns in der Embryonal- und Fetalperiode
Zwitter = Lebewesen, das sowohl männliche als auch weibliche Geschlechtsorgane hat

Definition der Höhenstufen

(nach Binz/Heitz: Schul- und Exkursionsflora für die Schweiz, 18. Auflage)
Kollin = kolline Stufe oder Hügelstufe, bis zur oberen Grenze der Rebkultur; bis 600 (800) m.
Montan = montane Stufe oder Bergstufe (Laubwaldstufe), von der Grenze der Rebkultur bis zur oberen Grenze des Laubwaldes; bis 1300 (1700) m. In den Alpenländern mit kontinentalem Klima wird der Laubwald durch den Föhrenwald (gebildet durch *Pinus silvestris)* ersetzt.
Subalpin = subalpine Stufe (Nadelwaldstufe), von der Grenze des Laubwaldes bis zur Baumgrenze; bis 1900 (2250) m.
Alpin = alpine Stufe, von der Baumgrenze bis zur Schneegrenze; bis 2500 (3200) m.
Nival = nivale Stufe oder Schneestufe, von der Schneegrenze aufwärts.
In Klammern gesetzte Angaben über die Höhenverbreitung, etwa (montan-)subalpin-alpin, bedeuten, daß die vertikale Hauptverbreitung in der subalpinen bis alpinen Stufe liegt, ein Vorkommen in der montanen Stufe zwar möglich, aber eher selten ist.

Artenverzeichnis

Geliebte Natur

1 *Leben am Wasser*

von Gerhard Sturm
60 Seiten mit 54 farbigen Abbildungen, kartoniert

2 *Leben im Wald*

von Gerhard Sturm
80 Seiten mit 60 farbigen Abbildungen, kartoniert

3 *Leben auf Wiese und Feld*

von Gerhard Sturm
in Vorbereitung für 1990

4 *Leben im Gebirge*

von Gerhard Sturm
in Vorbereitung für 1990

Naturführer, die helfen wollen, die verborgenen Zusammenhänge im Reich der Natur zu entdecken und zu verstehen; Voraussetzungen eines wirklich fundierten ökologischen Bewußtseins.

Natur und Umwelt

Theodor Schwenk

Das sensible Chaos

Strömendes Formenschaffen in Wasser und Luft
144 Seiten, 88 Fotos auf Tafeln und zahlreiche Zeichnungen, Leinen

Waldsterben

Aufforderung zu einem erweiterten Naturverständnis.
Berichte der gleichnamigen Tagung 1986 an der ETH Zürich
177 Seiten mit 13 farbigen und mehreren Schwarzweiß-Abbildungen, kartoniert

Andreas Suchantke / Hans-Ulrich Schmutz / Wolfgang Schad / Wolfgang Fackler

Mitte der Erde

Israel im Brennpunkt natur- und kulturgeschichtlicher Entwicklungen
517 Seiten mit 103 farbigen und 213 Schwarzweiß-Abbildungen, Leinen

Andreas Suchantke

Der Kontinent der Kolibris

Landschaften und Lebensformen in den Tropen Südamerikas
444 Seiten mit 265 Zeichnungen und 32 Farbtafeln, Leinen

Thomas Göbel

Feuer-Erde

Von Australiens Vögeln, Blumenheiden und Feuerwäldern
282 Seiten mit 50 farbigen Abbildungen und 85 Zeichnungen, Leinen